日而禅

[英] 加文·布莱尔 著

历史独角兽 付喆 愚蠢的翼德 译

中国友谊出版公司

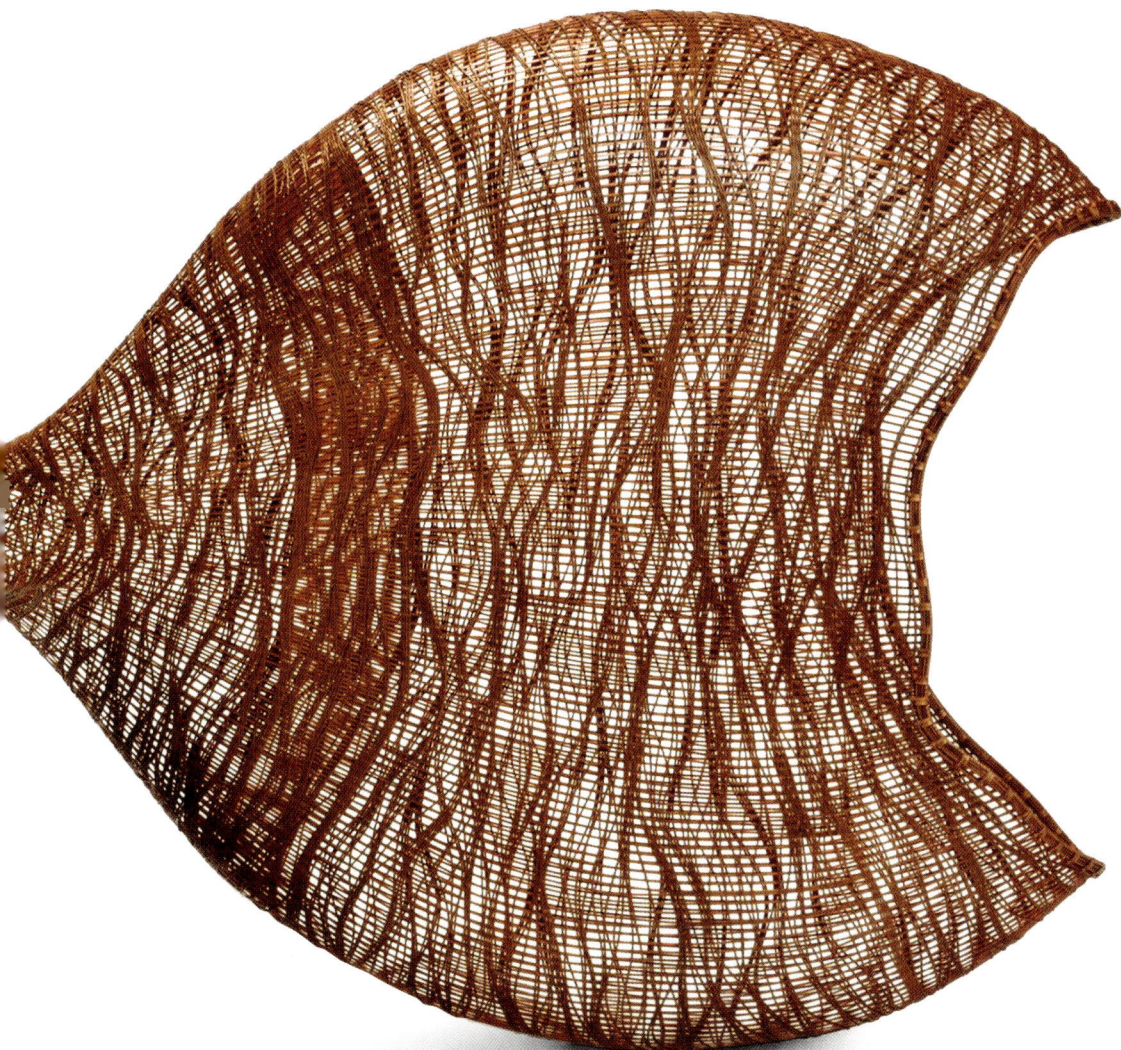

无限可能

森上仁（1955— ）

这件有趣的作品由森上仁创作，通过编织漆制的竹子制成，其灵感来自日本篮子的编织技术。竹子在各种形式的禅宗艺术中十分常见。

目 录
CONTENTS

引言

日本诗意又迷人的创世神话开始时，世界只是各种元素的混沌集合，最终分成较重和较轻的部分，形成了地球的核心和覆盖其上的泥泞海洋。在众多的神灵中，最初的创世神决定派遣其中两个到新生的地球，在一片混沌中塑造出坚硬的土地。

　　两位神灵即伊邪那岐和伊邪那美，一开始不知所措。后来，伊邪那岐决定把众神赐予的镶有宝石的"天沼矛"投入海中。当他把矛拔出来时，从矛上滴下来的泥浆结成了第一个岛。两位神灵结合并创造了其他诸神，他们共同创造了其他主要岛屿，最终形成了日本国。他们的后代中，天照大神和月读（又称月夜见），分别为太阳之神和月亮之神。传说，他们之间的竞争导致了白天和黑夜分离。直至今日，天照大神仍然是日本本土神道教的重要神祇。据说日本天皇是天照大神的直系后裔，并被认为是活着的神，然而我们知道事实并非如此。事实上，明仁天皇（1989—2019 年在位）曾多次表示，他的祖先可能来自朝鲜半岛。

　　关于日本岛的形成过程，有一个虽然没有那么绚烂但同样重要的解释，即由于太平洋板块和菲律宾板块在亚洲大陆下移动并将其向东拉动，日本群岛大约在 2000 万年前脱离了欧亚大陆。这些岛屿位于众多板块的交会处，形成了日本多山且易喷发火山和产生地震的地质，同时还有壮丽的景色和无数的温泉。随着板块持续移动，由此产生的剧烈活动偶尔会伴随着猛烈的、破坏性的地震和随之而来的海啸。

　　人类在日本定居的最早证据大约可以追溯到 4 万年前。当时这一群岛与欧亚大陆完全隔绝，人们以旧石器时代的简单工具生存。到了绳纹时代（公元前 10500—公元前 300）[1]，早期的日本人已经开始在特定的地区定居，并生产出这个时代所特有的陶器。随后的弥生时代（公元前 300—公元 250）发展出了水稻种植系统，这是群岛历史上的一个重要时期，人们开始大量使用金属，同时社会结构开始出现。这一时期形成了一批强大的部落，人口达到数百万，此时日本文明的存在在同时期中国的历史文献中也有所记载。

古坟时代（250—538）得名于这一时期独特的钥匙孔状的巨大墓冢。在此时期，九州岛的大部分地区和本州岛地区统一为一个国家。来自如今关西地区的大和氏族崭露头角，其统领成为天皇。他们的统治延续至今，是世界上在位时间最长的王朝。

在飞鸟时代（以后来的首都奈良附近的地区命名，538—710）初期，佛教经由朝鲜的百济[2]传入日本。这一新宗教受到了当时开始占据主导地位的苏我氏家族的青睐，而苏我氏家族的圣德太子[3]作为推古天皇（日本第一位女天皇，钦明天皇之女）的摄政大臣，在新宗教的推广中起到了重要作用。在政府批准的寺庙中，建立了六家以中国佛教为基础的佛教宗派——三论宗、成实宗、法相宗、俱舍宗、

---

1 本书历史年代与人物生卒年份均以原书为准。——本书脚注均为译者注

2 百济是扶余人南下朝鲜半岛西南部（现在的韩国）所建立的国家，与当时朝鲜半岛的高句丽和新罗王国形成持续了百年之久的朝鲜三国时代。

3 圣德太子由桔丰日皇子和穴穗部间人皇女所生，与苏我氏有很深厚的血缘关系。

律宗和华严宗（即"奈良六宗"）。在这一时期，更加复杂的政府体系和宪法出现了，两者都是基于中国的模式。此时，日本开始铸造硬币，与朝鲜地区的贸易逐渐增加，而"日本"这个名字也首次被使用，意为"太阳的起源"。

奈良时代（710—794），元明天皇（奈良时代的首位天皇）在平城京（奈良）建造了一个新的帝国首都。这一时期，帝国的权力中心频繁迁移，因为人们认为天皇或女皇死亡的地方会被玷污。佛教也越来越受欢迎，尤其是圣武天皇大力宣传佛教。他建造了许多寺庙，例如奈良的东大寺，是世界上现存最古老的木结构建筑之一，寺中有一尊巨大的青铜佛像。日本最古老的文字记录也源于奈良时期的《古事记》（712年）和《日本志》（720年）。这两本书记录了大和民族在此之前的口述传统，包括创世神话和太阳女神后裔的皇室家族的故事。

文学以及其他文化生活的许多方面在平安时代（794—1185）迁都平安京（京都）之后开始真正繁荣起来。日语的原生语音字母（平假名和片假名）被添加到汉语的表意文字中，主要为贵族妇女所用。因此，这种新的字母被称为女性字母，男性则继续使用他们学过的汉字。这促使大量女性创作的文学作品出现，如《源氏物语》。这部小说由宫廷侍女紫式部创作，被认为是世界上第一部小说。尽管这一时代被认为相对和平，但武士阶层在这时崛起。因为随着国家向北扩张，各个部落纷纷开始争夺军事权力。

平安时期，从中国引进的天台宗和真言宗很快就超越了之前的六大宗派。天台宗的创始人最澄（767—822）在京都附近的比睿山建立了一座寺庙。京都在当时已是日本佛教的中心。尽管禅宗尚未在日本传扬开来，但最澄已在中国学习了禅宗思想和其他派别的佛教思想。一般认为，禅宗教义最早是由法相宗的道昭（629—700）传播开来，他于7世纪中叶前往中国，回国后在奈良建立了一座禅宗大殿。在接下来的两个世纪里，一些中国僧侣访问日本并开始教学，但都没有留下长久的遗产。

与此同时，尽管天台宗、真言宗与本土的神道教之间关系紧张，这两大宗派的势力仍持续扩张。其中僧侣的影响力不断提升，他们因文化和学识得到了统治者的任用。从一开始的抄写员到后来的行政人员，僧侣逐渐成为权力中心具有影响力的一股力量。一些人认为，这样的发展与佛教使命和本质偏离，最终促使人们寻求一种对佛教更为纯粹的诠释。这种诠释，对有些人而言，便是禅。

镰仓时代（1185—1333），权力从京都皇室向幕府的转移，幕府设法巩固了驻扎在沿海城市镰仓（距离东京西南约50千米处）的军事权力。在这一时期，佛教由精英阶层专属转变成普通百姓亦可信奉的宗教。

真正在日本建立禅宗的人是荣西禅师（1141—1215，也被称为容西），他还为日本引进了在中国学到的茶道。荣西11岁成为天台宗修士，1168年前往中国学习冥想。1187年，他又一次来到中国，本希望到印度去追寻禅宗的根源，但遗憾的是未能成行。他在天台山研究临济禅（学成返回日本后改称为临济宗）。回到日本后，荣西于1195年在九州建立了圣福寺。1199年，镰仓幕府又请他在寿福寺担任住持。禅宗的教义得到了幕府将军和武士们的青睐，他们对禅宗朴素、简单、自律和超越思想的行动等信条产生了深刻的共鸣。荣西于 1202 年搬至京都新建的建仁寺，在那里他一直担任住持直到去世。

在早期日本禅宗的历史中，另一个关键人物是原本来自天台宗的道元（1200—1253），他还有一些其他常见的别名[1]。道元对日本佛教的状况并不满意，他随荣西的弟子明全前往中国，并在那里修行了五年。回国后，道元将冥想（打坐）作为禅宗的核心修行，并创立了曹洞宗。作为一位多产的大家，道元在福井建立了永平寺。这座寺庙至今仍在。

经历了一个世纪的战争和冲突之后，日本在幕府将军足利尊氏（1305—1358）的统治下重新统一，标志着室町时代（1336—1573）的开始。在这一时期，禅宗文化虽仍深受中国的影响，但同时还随着日本本土的艺术、书法、插花、茶道、园林的出现而蓬勃发展。欧洲人，包括葡萄牙人、西班牙人和荷兰人，也是在这一时期首次抵达日本，带来了商品、技术和基督教。基督教开始在日本各地建立起来，但之后受到统治者的残酷镇压。

经过一个多世纪的相对和平与繁荣之后，室町幕府倒台，日本于战国时代（1469—1603）再次陷入冲突。这一时代出现了地区军阀，即大名崛起，以及他们

---

1 别名有道元希玄、永平道元、高祖承阳大师等。

不断争夺霸主地位的斗争。此时，佛教僧侣大部分来自净土宗，他们在众多反抗大名的起义中，与农民和当地贵族站在一起。

战国时代内战的最后阶段是安土桃山时代（1574—1600）。此时，日本在织田信长、丰臣秀吉、德川家康三位幕府将军相继统治之下重新实现统一。在1600年的关原之战，即这一时代的最后一次重大冲突中，德川家康击败丰臣秀赖（丰臣秀吉之子），开始了德川家族长达两个半世纪的统治。

江户幕府将权力中心从京都迁到了江户（东京）。尽管天皇仍被允许留在京都这座古城中，但主要是作为傀儡领袖而存在。江户时代（1603—1868），日本社会发生了巨大变化，包括禁止普通民众携带刀剑，商业繁荣发展，人口激增，以及通过"锁国"政策切断了日本与西方世界的联系。其中唯一一个例外是对荷兰商人开放长崎港口，在那里也时常可以见到中国人，其中包括许多禅宗大师，他们到日本来传授中国禅宗。例如，隐元禅师（1592—1673）在日本创立了临济宗的一个分支——黄檗宗。尽管禅宗在日本武士中很受欢迎，但随着神道教和儒教的不断发展，佛教的影响力也在下降。

1853年，美国海军准将佩里（1794—1858）率领美国舰队抵达东京湾，要求日本开放国门进行贸易。这一事件成了日本江户幕府和江户时代结束的催化剂。在美军舰队炮火的威胁下，幕府签署了一项条约，允许美国、英国和俄罗斯的船只使用一些港口，并允许自由贸易。幕府无力抵抗外来者，随后外国人大量涌入日本，削弱了德川幕府的权力，并再次引发地方大名动乱。长州藩和萨摩藩派遣军队进攻江户，德川庆喜也因此在1867年退隐，成为最后一位德川幕府将军。新起的叛军领导人拥护一个矛盾的纲领：既恢复天皇的位置，同时还主张实现日本的现代化，并反击西方列强。年轻的明治天皇因此登上皇位，标志着明治时代（1868—1912）的开始，但他只不过是个傀儡。

这一时期也被称为明治维新，日本人通过在医学、物理、法律、制造业等各个领域的学习，呈现了一股急速追赶西方的势头。武士阶级的地位逐渐削弱，最终天皇取消了他们携带武器的特权，有效地消除了武士这一阶级。但事实上，有将近200万来自前武士阶级的人进入了商业、政治、法律领域和政府机构，维持了他们在社会中的精英地位。同时，政府成立了一支新的国民军队，招募了许多从前的武士，用以镇压地方叛乱。新军队接受了西式战术训练，装备了现代化的武器，但在很大程度上仍受武士精神影响。他们变得更加强大，在19世纪末至20世纪初的战争中屡次获胜。

佛教也曾面临来自明治政府的反对。明治政府主张将佛教从神道教中分离出来，并拆除了大量寺庙。无论是出于自保，还是出于对民族主义和忠于天皇的真诚信仰，许多禅宗学派开始积极支持当时的帝国主义扩张意识形态。在日本帝国的军队中，原先深受武士所肯定的纪律、牺牲和接受死亡等禅宗原则，逐渐发展成为一种"帝国主义禅宗"，即对日本帝国坚定不移地奉献牺牲。随着明治时代结束后大正时代（1912—1926）的开始，禅宗与重新被美化的武士道军事准则联系在一起，并将佛教哲学作为帝国主义扩张的工具。

昭和时代（1926—1989）的前半时期，日本入侵了东亚的大部分地区。1945年，日本战败，由美军占领、管制，一直持续到1952年。朝鲜战争期间，美国把日本作为美军的中转站和商品供应商，极大地促进了日本经济的发展，使其从"二战"的破败中恢复过来。日本的经济增长一直持续到20世纪60年代。通过1964年的东京奥运会，日本重新向世界展示了自己，塑造了一个现代化国家的形象。同年，高速新干线投入使用。在接下来的几十年里，日本经历了通常被称为"经济奇迹"的时期。经济以惊人的速度持续增长，最终在汽车和电子消费产品的全球市场中占据领先地位。到20世纪80年代末，日本已成为世界第二大经济体，人均国内生产总值（GDP）也处于历史最高水平，仿佛无人能阻挡日本走上经济霸主的地位。但在90年代初，过度投机和太过易于获取的资金引发了泡沫经济，最终导致经济倒退。由于无力或不愿处理巨额债务，加上劳动力和人口逐渐减少，以及韩国、中国大陆和台湾地区等工业竞争对手的崛起，日本本就持续萧条的经济状况也因此加剧恶化。

在此后的几十年里，日本仍然一直在努力寻找经济持续增长之道，尽管这个国家仍然享有较高的生活水平。目前，日本人口持续老龄化，有1/4的公民年龄超过65岁，因为日本并没有采取其他发达国家所允许的大规模移民政策。

如今，禅宗已经传播到西方，并出现了许多拥护者，同时它继续以既显而易见又潜移默化的方式影响着日本。禅宗帮助传播和发展的独特日本文化、建筑、食宿、设计和艺术，吸引着世界各地越来越多的人。这也创造了当代日本最耀眼的产业之一——旅游业。2015 年，2000 万外国游客来到日本，创下了历史纪录。游客们参观古老的寺庙，欣赏现代的城市景观，体验日本独特的生活方式。

日本目前在经济、社会发展和政治方面，面临着许多挑战。这个国家得益于禅宗对无常变化的接受和拥抱，在其历史上一次又一次地重塑改造自己。它的下一个化身形式还有待揭示。

禅宗之道

文 化 与 设 计

日本常被认为是一个独特的国家，拥有与众不同的文化，但也有人认为每个国家都是不同的。如果一定要归纳出日本真正的特质的话，那或许就是禅宗思想所带来的影响渗透到日本文化的许多方面。从设计到食物再到行为，禅宗的思想几乎总是以某种微妙的形式呈现出来。

几乎可以肯定，在东京或京都的酒吧和街道上，人们经常能听到外国的日本爱好者或西方禅宗信徒谈论禅宗的概念及其特点。然而，除禅宗艺术以外，很少有日本人讨论禅宗的哲学、原理或更细小的观点。也许这是因为在日本的生活中，禅宗的影响无处不在，以至于只有少数人才会经常认真思考它的价值。

文化思想和设计结构当然是紧密联系在一起的，二者或多或少地反映了一些对方的要素。日本文化追求简单、实用、克制，就像最崇高的设计一样。顶尖的设计无疑是将创造力与形式的规则结合起来，成为与禅宗思想融合的理想典范。自由需要有秩序和形式才能存在。如果没有秩序和形式，剩下的就只是混乱。

形式是日本文化的另一个重要特质。形式规定了几乎所有事情都应该达到何种程度，在外人看来，这样的规则时常会严苛到让人感到愤怒。可以说，如何强调形式对日本的重要性都不为过，这一整本书都在描述形式的影响。日语的"形"（kata，或译为"型"）实际上比其英语对应词 form（形式）有更广泛的含义，包含了行动、思想，甚至存在的方式。在设计方面，正是"形"的结构创造了一个框架。在这一框架下，人们生发出了无穷的创意并将其实现。

佛教的禅宗思想认为，一切事物都是相互联系的，因此所有被创造物都与创造它们的人和使用它们的人有关系。所以，禅的设计应该体现那些想象和创造出它们的人，同时还要顾及将要使用它们的人。禅的设计的核心是简洁的，没有多余的加工或装饰。但是，仅有原始与高效的功能并不能满足禅的要求。任何事物，包括一座建筑或一件衣服，都应该使感官和心灵感到愉悦。

涩味（shibumi）的概念是禅宗设计的核心，它指的是有功效而又无须努力，卓越而不繁复，美丽而不矫饰。一个设计如果能优雅地表现前文所说的这些特质，就体现了禅宗的原则。在禅宗美学理论中，间（ma，空隙或停顿）这一概念也强调了未被包含或被移除的事物的重要性。

间与静寂（sejaku）有关。静寂是禅宗美学的另一个重要组成部分。静寂和间的核心是理解并相信在适当的地方保持空无一物，和在该在的地方拥有必要的事物是同等重要的。

简素（kanso，简单朴素）源于这一观点：相比起美化修饰，朴素要更为有效，也更令人满意。简素重视功能性而非精巧性，去除不必要的东西或杂乱的装饰以让人耳目一新。通过去掉一切非必要的元素，一件物品、器具或艺术品的核心和本质就有了呼吸的空间。

然而，没有冗余并不意味着缺乏细节。事实上，幽玄（yugen）被认为是禅宗美学的另一个必要条件。一点神秘感，一点不可见和未知，一点可以想象的空间，都是必不可少的元素。幽玄背后的原理可以理解为隐藏的事物点燃了人们发现与探索的渴望，对心灵和感官产生一种额外刺激，进而成为创造本身的一部分。因此，通过推断得出某种结论，可能比直接清楚地告诉我们要更加有力。

同样，对于不完整性的理解也存在于不均齐（fukinse，不对称）的原则中，这是禅宗美学的另一个方面。不对称不仅激发创造力，反映自然世界的真实样貌，还留下了想象的空间来填补空白。缺乏完美的对称性会促使人的大脑纠正这一问题，从而要求观看者或使用者去弥补这种不对称，并使自己成为创造的一部分。

最重要的是，禅宗设计在创作的过程中应该适应自然（shizen）的模式。这种自然性应该体现在简单性和实用性之上，而不是被它们严格限定。自然之美没有刻意的技巧却不乏想象力，流畅、平实但也兼具条理性和目的性。理想的状态应该是自然而不混乱，充满了自然的节奏但又不混为一谈。

日本最好的作品都体现了禅宗设计的思想和元素，不论是餐具还是武士刀，抑或现代电子设备的设计。从入口处悬挂的门帘，到由竹子与和纸制成的精致和伞，以及各种漆器，我们可以在无数的器物中看到禅宗的影响。

禅宗对日本社会的影响当然很难界定，更难以量化，因为文化是一个不断变动的现象，受很多因素影响。禅宗最明显的两个表现是日本人的自律和日本文化对协调统一的高度重视。

禅宗的自律是武士道的基石。这些武士的忠诚、奉献和自我牺牲精神后来在另一个舞台上得到了体现，那就是日本劳动者从战后的废墟中将国家重新建设为经济强国。

如今日本社会对于尊重、规矩礼节、协调统一等特质的强调，很大程度上要归功于禅宗的教诲。人们期望和谐相处的愿望也可以追溯到禅宗思想的影响。日本人之间的很多互动都是建立在对什么是可以接受的、什么是不可以接受的心照不宣的理解之上，这对于非本国人来说常常是令人费解的问题和难以逾越的障碍。同样，与自然世界和谐共存的概念在很大程度上也源于禅宗哲学中的原则。或许有人会指出，历届日本政府的政策往往优先考虑经济增长，而非对自然环境的保护。然而，大多数普通的日本人仍然高度重视自然世界，密切关注四季和其他自然变化。

从每年春天在樱花树下喝清酒，到人际交往中固守的礼貌礼节和自我约束，再到渗透在众多领域中低调优雅的设计，人们不需要挖掘太深就能感受到禅宗体现在多种形式上。

松林图

长谷川等伯（1539—1610）

这幅由著名画家长谷川等伯创作的画作，是一架六扇屏风的主要部分。长谷川等伯的作品以佛教题材为主，装饰在大德寺和京都其他著名的寺庙中。空旷的空间、不对称性和对自然的复杂阐释都体现着禅宗美学的影响。

圆空

永仓健一（1952— ）
当代艺术家永仓健一在这一雕塑作品中主要使用了竹子，以及其他有机材料。他的作品跨越有生命和无生命物体之间的空间，受到茶道、花道以及世界各地艺术和文化的影响。

冥想

图中的僧侣，双手摆出了禅定印（佛陀入于禅定时所结的手印）。这一动作常见于东亚的禅修传统，人们经常用它来展现佛陀的形象。据说，这种姿势能够帮助人们进入深度专注状态。

侘寂

不完美的完美

拥抱不完美和不完整似乎与日本文化中对细节一丝不苟的关注有所违背。然而，透过禅宗的视角，没有什么是完美的，也没有什么是永恒的，接受这种思想本身就是一种美。侘寂的概念经常被引用为禅宗的核心。然而，就像许多与禅宗实践和禅宗哲学相关的概念一样，要用足够具体的术语定义以满足西方思想家更具逻辑性的倾向，是极其困难的。

　　侘寂是由两个可以单独使用的单词组合而成的。其中，侘（wabi）与悲伤、孤独、凄凉、寒酸、沉闷、沮丧的事物有关，也指像隐士一样被社会抛弃的感觉。14 世纪，随着禅宗思想开始在日本文化中占据一席之地，不注重肤浅的细枝末节和物质利益的简单生活理念受到了人们的认可和尊重。

　　侘与简单联系在一起，是一种凋敝的美，一种朴素的精致，一种淡淡的品味。苦行者自我选择的困苦逐渐被视为通往精神富足的途径，克己作为一种智慧占据了主导地位。侘并非物质的匮乏，而是摒弃俗世琐碎的追求。侘是安于简单，理解残缺，接受无常。

　　寂（sabi）的本义也是荒凉、孤寂和孤独。但随着时间的推移，寂的用法逐渐转变，首先意味着变老，然后延伸为对历经时间与风霜的理解。事实上，日语中"锈"与"寂"读音相同，且都涉及物体褪色，因此容易产生一些误解。寂所指的失去光泽被认为是尊严和品格的标志，表明某种东西已经活了一辈子，不白来这世间一场。寂是自然的无常变化，可以通过日常事物或艺术作品表达和体现出来。

一个微微不对称的碗或是寺庙大门磨损的边缘，一枝孤独低垂的树枝或者一笔草草画就的荒凉风景——寂就在这些事物中，所有的事物都呈现出寂。

将侘和寂组合起来形成侘寂（wabi-sabi）一词并不是没有争议。一些学者坚持认为，这两个词之所以能结合在一起，只因为其读音好听。在日语中，人们似乎可以随意地把任何两个悦耳的拟声词放在一起，并发现它们已经是短语了。侘寂在日语中逐渐拥有了独特的含义，并在大多数日本人中引发了共鸣，即便很多人难以对它下一个明确的定义。

将侘寂转化为具体术语的一部分难度在于，侘寂本质上是一种感知，一种对非传统美的美学欣赏，一种对自然和生命本身转瞬即逝的理解。日本人对于日本禅宗和侘寂理念的很多提炼，大都源自对中国茶道独一无二的理解。早期的日本茶道大师们摆脱了中国的完美范式（精致的碗、器具和茶室），转而拥抱日本本土工匠所制造的不完美。据说，中国茶道的巅峰体验是在满月下的阳台上欣赏，而日本茶艺大师们则赞美残缺的月亮，欣赏与之伴随的阴影和不对称的美感。侘寂这一概念也存在于中国文学和艺术中，但是在日本具有一种独特的发展倾向，并沿着一条相互关联却又独立的道路一直发展。

古老的建筑、树木、器皿和艺术都可以毫不掩饰地表现出侘寂，毫不掩饰地展现出一种年代感。尽管如此，侘寂在日语中从来都不意味着破败的或者破旧的，也不是指肮脏的或混乱的。日本人崇尚干净和秩序，绝不会允许任何偏离这些要求太远的事物对他们的文化产生深远影响。

在设计方面，侘寂影响了建筑、陶瓷、盆景等。以遵循自然规律，尽量不受人为干扰的方式创造这些简单自然的事物，这就是侘寂。不华丽的色彩和粗糙不均的质地就与侘寂的理念一致。美不仅存在于事物的创造中，也存在于一件物品或艺术品转瞬即逝的瞬间。这在一定程度上让我们意识到，一切都是来自虚无，并朝着虚无前进。

朴素和简单就是侘寂，富裕和复杂则与之相去甚远。虽然有人说了解侘寂是了解日本的必要条件，但并非这个国家、文化和民众的一切都能体现这一特质。例如，富士山是这个国家崇高的象征，但其太过壮丽和完美，不可能是侘寂。

侘寂存在于大都市年代久远的小巷中，也存在于坐落在高楼大厦之间的古朴神社中。侘寂存在于公共澡堂里，那里瓷砖褪色、墙壁斑驳。在充满异域风情的泳池和现代便利设施的超豪华洗浴中心并不存在侘寂。

或许当代日本所呈现出的科技未来感，与侘寂相去甚远，但在谦逊的日本人身上，以及他们对炫耀财富的不屑态度中，仍存在着侘寂这一理念。侘寂与老龄化，以及日本是世界上人口最老的国家这一现实，有着千丝万缕的联系。许多日本老年人以他们优雅的衣着和礼节体现着日本精神。

有人说，试图用语言来定义侘寂就如同向别人描述他们从未吃过的食物或从未喝过的饮料的味道一样困难。作为禅宗哲学的源头，侘寂必须被人们感受、认知和欣赏。从根本上来讲，如果有人试图将这一概念诉诸理性，就是误读了它的特性，从而错失了它的本质。

28—29 页 **陶器**

16 世纪的信乐烧花瓶（28 页图）和 17 世纪的乐烧茶碗（29 页图），都体现了作为受禅宗影响的陶器所必有的残缺与不规整。

30—33 页 **锈迹斑斑的标志和圆空**

东京新高圆寺中饱经风霜的痕迹，显示了自然力量造成的老化（30—31 页图）。长仓健一圆空系列中，另一个作品的细节呈现出了不对称性（32—33 页图）。

禅宗艺术

简单与复杂

没有什么能比让原本复杂的事情变得简单更为困难的了，禅宗艺术就体现了这一点——试图通过简单来表达生活的复杂。

与禅宗本身一样，日本的禅宗艺术深深受到中国根源的影响，尽管它后来发展出了自己的形式和特色。在13至14世纪，中国和日本的僧侣经常往返于两国之间，传授禅宗教义，传播手工艺品和艺术品，促进两种文化的交流。然而，由于当时的中国是全世界文明的领导者，日本不可避免地更多受到了中国的影响。往返于两地的僧侣给日本带来了不少物品，其中包括宋代的水墨画，这些艺术品后来成为日本禅宗艺术的基础。事实上，僧侣们是日本第一批使用新的媒材创作的艺术家，他们当中的一些人后来也成了十分高产的画家。在早期，日本僧侣花费大量精力，但仅仅是模仿中国画，后来他们扩大了创作范围，在主题和风格方面进行各种新的实践，最终创立了一个独特的流派。

日本禅宗艺术的主导样式为单色水墨画，时至今日，这一形式与佛教宗派的联系最为紧密。日本人所称的水墨画（suibokuga）大多只用黑色墨水和毛笔，在一张简单的纸（有时也用绢帛）上作画，并通过水来稀释墨色的饱和度。水墨画的风格不同于墨绘（sumi-e），它通过加水来创造出不同层次色调的黑色和灰色。禅宗艺术作为一个整体通常被称为禅画（zengaga），其中"ga"意为图画，也是日语中漫画（manga）一词的后缀。

早期日本水墨画所表现的主体主要是禅师和其他杰出的精神领袖，但后来扩展到风景、自然和文学人物。随着艺术家逐渐进入更广泛的领域，一种散漫、幽默的精神开始出现在他们的作品中。他们的绘画旨在表达一种与禅宗教义相符的精神呼应，用一句话概括为："思想是黑暗的，心灵是光明的。"禅宗艺术逐渐发展成一种无拘无束的形式，既不完美也不神圣，而且不受严格规则的约束。空虚、直率、自然和简朴定义了禅宗艺术，而这些原则都源于禅宗哲学。正如禅宗吸收了本土神道教的感性特质一样，禅宗艺术也汲取了一些相同的特质，包括对自然世界的深深敬意。

大多数禅宗绘画都包含一段诗文，通常为艺术家本人或与其相关的人所作。许多伟大的禅宗大师都曾在画上留下过诗文，或是在他们自己的画中，或是在他们弟子的画中。禅宗非常注重练习和重复，这在水墨画的传统中可以看出来，即僧侣们会画许多主题相同而仅略有差异的绘画。

在禅宗艺术兴起之前，日本画家几乎都属于古代画派，深受中国唐代艺术的影响，画作的主题主要是山水风景。到了室町时代（14世纪中期—16世纪晚期），随着禅宗寺庙在京都修建，禅宗艺术也开始蓬勃发展。

在日本禅宗艺术的发展过程中，一位关键人物是如拙。他出生于中国，是一位僧侣和画家，后来成为京都相国寺的禅师。如拙最著名的作品是《瓢鲇图》。这是一幅滑稽的人物画像，描绘了一个人试图用木瓢去捕鱼。一般认为这幅画的灵感

源自一则公案 [1] 或禅谜，由这位画家的赞助人即当时执政的足利幕府提出。如拙被公认为水墨画派的创始人，相传他还是另一位重要艺术家天章周文的老师，尽管相关的记载并不充分。

天章周文也是京都相国寺的禅师，后来他去了中国和韩国学习。15 世纪初回到日本后，周文就被任命为足利幕府绘画机构的负责人。他进一步确立了水墨画的风格。尽管周文有着全才的称号，但他的作品中只有风景画保留了下来。虽然他有时会画一些禅宗题材的作品，如菩提达摩等，但他并非因与传统佛教主题相关的作品而闻名。15 世纪 40 年代，一位名叫雪舟等杨（1420—1506）的年轻人成了周文的学生，这位年轻人后来成为日本有史以来最伟大的禅宗艺术家之一。

雪舟是临济宗的弟子，然而他在艺术方面的努力要远超他在精神上的启蒙，时常惹得他的老师们生气。15 世纪晚期，雪舟前往中国为日本富有的主顾们选购艺术品，据说他的才华在北京的明朝宫廷中也受到了认可。他的许多画作都保存了下来，包括一些风景卷轴画。这些作品如今收藏于京都国立博物馆和东京国立博物馆中。他的画作《慧可断臂图》（1496）被列为日本的国家宝藏。

雪舟之后，另一位出生于日本东北地区的禅僧雪村周继（1504—1589），也是一位杰出的水墨画家。远离京都这一文化和政治的中心，远离其他艺术家，雪村

1　日语中，公案（koan）指禅宗祖师的一段言行或是一个小故事，通常与禅宗祖师开悟过程或教学片断相关。

自学成才，并形成了自己的独特风格，虽然这种风格受到了中国艺术以及雪舟的影响。雪村以自然风景画而闻名，其中一些如今陈列在日本的博物馆中。

17 世纪，在禅宗及其艺术经历了一段相对衰落的时期之后，另一位著名的禅宗大师和画家白隐慧鹤（1685—1768）横空出世。他的作品幽默风趣，主题关注日常生活。据说，随着年龄的增长，白隐的作品也越来越多，他一直教授禅宗和艺术，直到 84 岁去世为止。这个时代还有一位同样多产的禅宗艺术家，名叫弘岩玄猊（1748—1821）。玄猊 9 岁时便在寺庙修行；17 岁时，为进一步提升精神知识，朝拜了各处寺庙，恰巧遇到了白隐。玄猊的作品也充满了幽默的笔触，以独创性而著称。

之后，另一位叫仙崖义梵（1750—1837）的临济宗禅师再次重振禅宗，致力于让普通人了解临济宗的知识。许多普通人都为他幽默的水墨画所吸引。仙崖义梵最著名的作品之一是一幅由一个圆形、一个正方形和一个三角形组合而成的画作，没有标题或题词。这幅作品被称为"宇宙"，似乎跨越了绘画和书法的界限。相传，这位禅宗大师曾说过："我的笔墨既不是书法也不是绘画，然而不知情的人却误以为：这是书法，这是绘画。"

据时人说，仙崖热情慷慨，充满幽默感，过着简朴的生活，不穿与自己地位相称的华美长袍，只着素衣。1811 年，他不再担任寺院住持之后，时常有来自日本各地的人想要拜见他，请他作画。

尽管禅宗艺术如今在全球范围内受到赞赏，其中一些艺术作品已经成为日本的国宝，但在禅宗艺术初生的几个世纪里，受到了极大的轻视。当时大多数艺术鉴赏者认为禅宗艺术异想天开，过于简单且微不足道。然而，今天的评论家则称赞禅宗艺术随着时间的推移，展露了自己的美和本质，就像禅宗教义本身一样，慢慢地显露了自身的独特之处。

除了在普通的纸张上绘制之外，画家还经常在卷轴、扇子和屏风上绘制禅画，有时甚至在陶器上绘制。禅宗艺术也不仅限于绘画，还包括由金属、岩石或漆木制成的雕像。这些雕像可以是佛陀的形象，也可以是其他重要的宗教人物，比如布袋和尚——一个快乐的大肚和尚。

在日本，艺术的实践和练习不仅是一种提高技艺的方式，其过程本身也被视作一种精神修行。通过正念禅修，艺术的实践即是通往内心平静和认识自我的一条道路。将禅宗教义和禅宗哲学传播到西方的禅宗大师铃木大拙（1870—1966）曾这样描述："禅宗的艺术不是为了功利目的或纯粹的审美享受，而是为了训练心智，实际上是为了与终极现实连接起来。"

禅宗艺术是发现自我的过程，我们愿意参与这一过程是接受自身不完美的一种方式。

43 页 **破墨山水图（局部）**

雪舟等杨（1420—1506）

这幅破墨山水图由禅宗最重要的艺术家之一雪舟于 1495 年完成，已被指定为国宝。它创作于雪舟 75 岁的时候，并题有六首禅僧所作的诗（此局部图中并未展示）。如果观者凝神注视一定时间，图中看似抽象的线条将会逐渐成形。

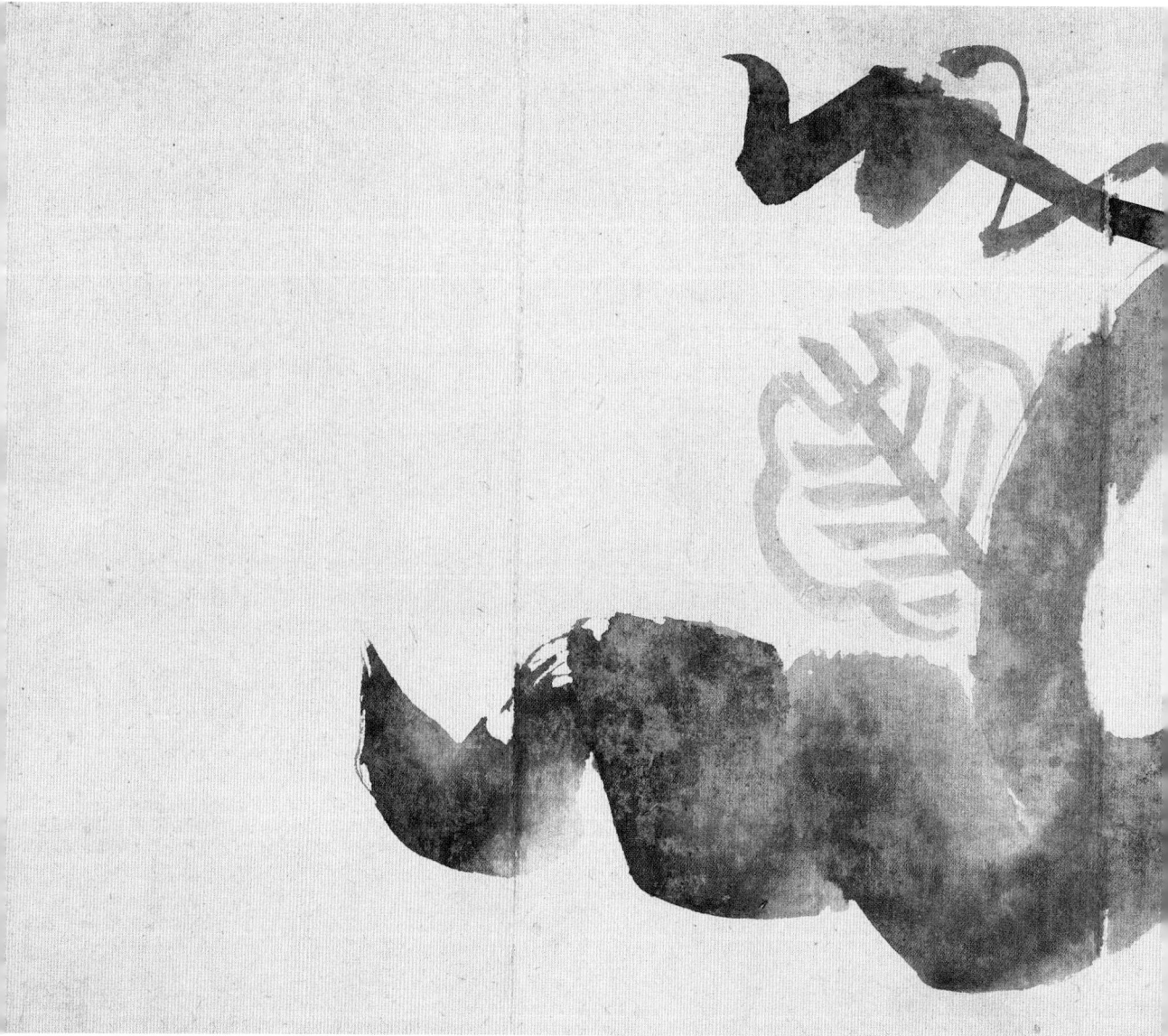

布袋的品质

白隐慧鹤（1686—1769）

这幅画中有一个包、一根棍子和一把扇子，它们属于神秘的大肚和尚布袋。白隐禅师被认为是重振禅宗的功臣，晚年才开始作画。此画是他留下的一万多件绘画和书法作品中的一幅。他经常画日常物品，并在画作中加入书法题词。

远祖

盘珪永琢（1622—1693）

简单的圆是禅宗绘画和书法中一个反复出现的主题，据说可以反映出画家的开悟程度。这幅画是由临济大师盘珪永琢绘制的。他被一些人认为是禅宗历史上最具原创性的思想家之一，主要因为他提出了"未出生的佛心"这一观点。

指着月亮的布袋

仙崖义梵（1750—1837）

指月是禅宗艺术的常见主题，象征着表面背后的真理、遥远的开悟目标。作为临济宗的禅僧，仙崖义梵试图使普通大众理解临济宗的教义，他以幽默诙谐的画作而闻名，留下了许多幅水墨绘画和书法作品。

48 页 **杖**

中原南天棒（1839—1925）

这位临济禅宗大师是虔诚的僧人。他放弃了武士出身的特权，从 11 岁开始接受禅宗训练，后来成为一名严厉的禅师。50 多岁时，他开始作画。手杖是他最喜欢的题材，他也常用竹制的手杖惩戒他的弟子们。画作中最引人注目的是笔画开始处溅起的墨迹。

49 页 **达摩**

中原南天棒

与许多禅宗大师和画家一样，在中原南天棒的教义和作品中经常可以找到一种嬉戏的感觉。他还有"全忠"的别名，意思是"全心全意"。这幅绢轴画上的达摩像，似乎由一根围绕着这位传奇和尚头部的杖所构成。

阶段

篠田桃红（1913—2021）

篠田桃红出生在中国大连，20 世纪 50 年代后期在美国生活时受到了杰克逊·波洛克（Jackson Pollock）等抽象艺术家的影响。2016 年，她以将传统书法与现代抽象艺术相结合而闻名，成为第一位在世时出现在日本邮票上的人。2017 年，104 岁的她在东京举办了个人作品展。她对余白的运用，也许是其作品中最为明确的禅意表达。

土壤

中嶋宏行（1956— ）

中嶋是另一位大量使用书道和外来元素的艺术家，他把自己的风格
描述为"书艺"。中嶋 6 岁开始学习书法，后来将太极和禅宗理念
融入其艺术作品中。他在下笔那一刻把所有的思想都浓缩进去，一
气呵成。

月亮

中嶋宏行

他的作品经常表现自然的抽象概念，就像这幅描绘月亮的画一样。"如果我的气息不能从笔画线条中看出，那么这幅作品就不是真迹。通过长时间的练习而习得的动作和姿势能够反映内在的自我。"中嶋在谈及他的作品时曾如此说道。他还指出这种作品永远不可能完全重现，"即使你把同一个字母画十遍，也会自然而然地呈现出十种不同的形式"。

书道

书 法 之 美

对于禅宗弟子来说，用笔墨书写汉字是一种至关重要的练习形式：这些汉字的意义，以及达到娴熟书写所需的专注冥想的意识，都反映了禅的精神。画一个看似简单的圆圈是禅宗书法中最具挑战性的一关，因为它最能反映落笔人的心境。

在书法从中国传入（公元 600 年左右）之前，没有记录表明日本有自己的书写体系。书写文字的引入不可避免地对这个新兴的国家产生了重大的影响，尽管很多年后它还未形成一个统一的国家。正如日本人的水墨画一样，他们也逐渐发展出自己独特的、来源于汉字的假名，并且创造了独特的书法风格，即书道（shodo），字面意思为"书写的方式"。

位于日本古都之一奈良的法隆寺，收藏了日本现存最古老的两本书法文本。其中《药师经》的题字和对《妙法莲华经》进行注释的《法华经义疏》都可以追溯到公元 7 世纪，表明当时的书法已经发展到了较高的水平。

公元 794 年，随着首都从奈良迁至京都（在此后长达 1000 多年的时间里京都一直是日本的首都），书法成为天皇宫廷中重要的文化追求。大约在这一时期，除了简单地模仿中国文字之外，独具日本风格的书法开始出现。一幅保存至今的 8 世纪末的短歌作品是现存最古老的日本书法的证据。当时的天皇鼓励这种对于引进书法的改造，同时也支持中国僧侣来到京都，进一步推动知识和艺术的传播发展。到平安时代末期，日本本土的和样书道（wayo-shodo）的传统已经牢固确立。

正是小野道风（894—966）这位政府官员和诗人，定义了日本的书法艺术。凭借艺术才能，他在 27 岁时就被引荐至宫廷为天皇创作书法作品。小野的作品以流畅的草书风格而闻名，他还喜欢在一列书法中书写不同大小的文字，从而与中国书法注重的一致性明显地区别开来。藤原佐理（944—988）延续了表现力更强的草书风格。藤原佐理的养父是天皇的摄政大臣。作为宫廷中的一名小贵族，他以娴熟的笔法和对待公务散漫的态度而闻名，他更喜欢日本清酒而非辛勤工作。在藤原佐理之后，历史上另一位重要的书法家藤原行成（972—1027）出现了。虽然都姓藤原，但他与藤原佐理并没有血缘关系。藤原行成以使用假名（日本本土文字）写作而闻名于世，他的书法风格隽永雅致，其中一些著名的卷轴作品现保存在东京国立博物馆中。

　　小野道风、藤原佐理和藤原行成三位书法家的影响深远，在日本历史上称为"平安三迹"。

　　早期禅宗的书法大师之一梦窗疏石（1275—1351），同时还是一位老师、诗人、园林设计师。博学的梦窗疏石是 9 世纪宇多天皇的远支后裔，也是日本临济宗的重要人物。梦窗疏石对禅宗书法起到了推广作用，更加强调笔法的精神和表达，而不是严格遵守具体的技术规则。

　　临济宗大德寺始建于 1326 年，至今仍矗立在京都。京都也是当时许多著名书法家的故乡，包括大德寺的创始人大灯国师（1282—1337）和一休宗纯（1394—

1481）等。当时许多伟大的书法家也是画家，还有人认为书法与绘画是不可分割的。

另一位受人尊敬的禅僧千利休（1522—1591）也曾在大德寺修行，后来还成为日本茶道之父。他也是一位书法家，并认为筹备茶道的最终方法就是凝神注视一幅他认为体现了禅宗精神的书法绘画作品。据记载，他曾经说过："如果心旌摇曳，就不能坚定地完成真正的禅宗笔法；如果修养经验浅薄，就不能写出深刻的书法。"

在临济宗和曹洞宗之后，第三个较小的日本禅宗是黄檗宗。这一宗派也对禅宗书法的兴起做出了贡献。黄檗宗是由17世纪中期来自中国南方的僧侣所组成，其风格深受明代学派的影响，最明显的一个特点是诗歌的开头第一个字写得很大，后面的字则相对较小。黄檗宗进一步发展了书法家应该通过创造性的笔法来表达自身个性，而非完美技艺这一理念。

1836年，武士时代进入晚期。山冈铁舟（1836—1888）出生于江户（东京）的一个武士家庭，原名为小野铁太郎。他9岁就开始接受剑术训练，之后成为一名令人畏惧的职业战士。除了格斗之外，他一生最大的爱好就是喝酒、打坐和写书法。据说山冈铁舟一生创作了100多万幅作品，其中一些至今还在研究中。山冈铁舟被称为最后一个真正的武士，而他的书法和禅宗教义则启发了后来的横山天启（1885—1966）。

横山天启发展了禅宗笔法的概念，这是一种站着挥舞大笔的书法方式，并且用整个身体来书写。横山认为真正的禅宗书法并非无止境地重复，而是抛去对世俗的关注、展露书写者的真实本质后，所达到的无心（mushin）状态下的产物。这些观念不仅影响了禅宗书法，也影响了其他日本艺术和著名哲学家西田几多郎（1870—1945）。

日本小学生如今仍在使用的书法用具，与古代大师或几个世纪前尚未东渡的中国人所使用的书法工具相比，基本上没有什么变化。文房四宝即笔墨纸砚，在今日仍被使用。

毛笔杆通常以柳树或竹子制成。在现代，更加便宜的、由塑料制成的笔杆也十分常见。传统的笔头由马鬃、山羊毛或绵羊毛制成，有的也会使用猫、貂、鼬和其他动物的毛。若是书法家希望他们的作品看起来更加特别，也会混合不同动物的毛发来制作毛笔。炭墨与水混合，在砚台上研磨以产生所需的色调，稀释后还能使色调变浅。有些书法家更喜欢使用百年以上的墨，他们认为这种墨可以提供更好的色调。砚通常由岩石制成，有时也使用玉石、铜、石英或其他硬质材料。古砚本身就是艺术品，有些著名的甚至可以卖数千美元。

虽然现在可以很容易买到现成的书法用墨，但禅修者认为，准备墨的仪式是这一艺术训练的重要组成部分，有助于之后挥毫泼墨。

也许日本书法工具中最具多样性的是纸。中式宣纸，在日本被称为画仙纸

（gasenshi），是日本最早的书道用纸，直到今天仍十分流行。日本纸也被称为和纸（washi），由桑树制成，逐渐成为日本书法家的主流用纸。此外，丝绸织物和亚麻织物也被用于书法卷轴。

写书法时，通常会在纸下面铺一块布，以防墨水渗透而沾染桌面，如今旧报纸是一种常见的替代品。在写书法的过程中，镇纸用于镇压纸张，防止滑动。此外，书法家还需要用印章给自己的作品做标记，而真正的书法家会自己雕刻印章。

在日本，禅宗书法起源于当时僧侣们抄写中国经文的行为。这不仅是传播佛教教义的一种方式，同时也是一种虔诚的修行。禅宗因此促进了书法艺术的发展，反过来，优秀书法家的作品也影响了禅宗思想。只有一次机会写出特定的书法作品并且要能体现出书写者的心境品格这一观念，与日本人的禅宗思想相通。书法技艺的重要性远次于书法家的精神和专注力。流动性、纯粹性、统一性以及特定时刻的重要性，在日本禅宗体验与书法创作的最高追求中是一致的。

公案是书法卷轴的常见主题。人们普遍认为，这类谜语的答案难以通过语言表达，而只能通过直接的经验理解。也许禅宗书法中最常见的主题是远祖（enso），即象征着智慧的圆。一笔挥就的圆被视为禅宗艺术的巅峰，展示了真正的理解，象征着无拘无束的自我意识。这个圆圈可能有一个缺口，也可能是完整的，禅师们相信可以通过一个人所画的圆看出很多事情。画出的圆接近完美（不一定要对称），表明了通过无心所达到的最高境界的开悟。另外，表示虚无、缺席或空白的无（mu），也是书法家创作的一个重要主题。

　　书法是日本小学的必修科目，学生在初中、高中甚至大学里仍可以学习。虽然书法并非严格意义上的禅宗追求，但几个世纪以来，书法一直受到禅宗倡导者的影响，他们不断发展书法艺术。许多人认为，禅宗书法以多种方式影响了几代日本人和他们的文化。

《小仓百人一首》局部

本阿弥光悦（1558—1637）

图中这两首诗出自一幅卷轴，作者分别是藤原显辅（1090—1155）和待贤门院堀河（1185—1333）。卷轴中收录了《小仓百人一首》的全部诗歌。图中背景由画家俵屋宗达于17世纪初所作，描绘了佛教艺术中的常见主题之一——莲花。

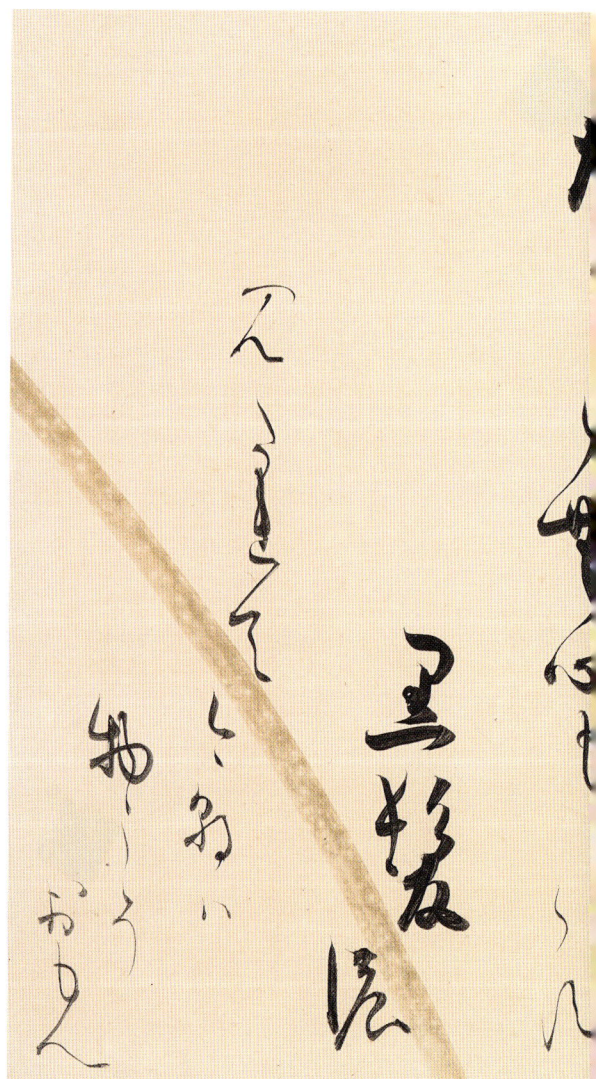

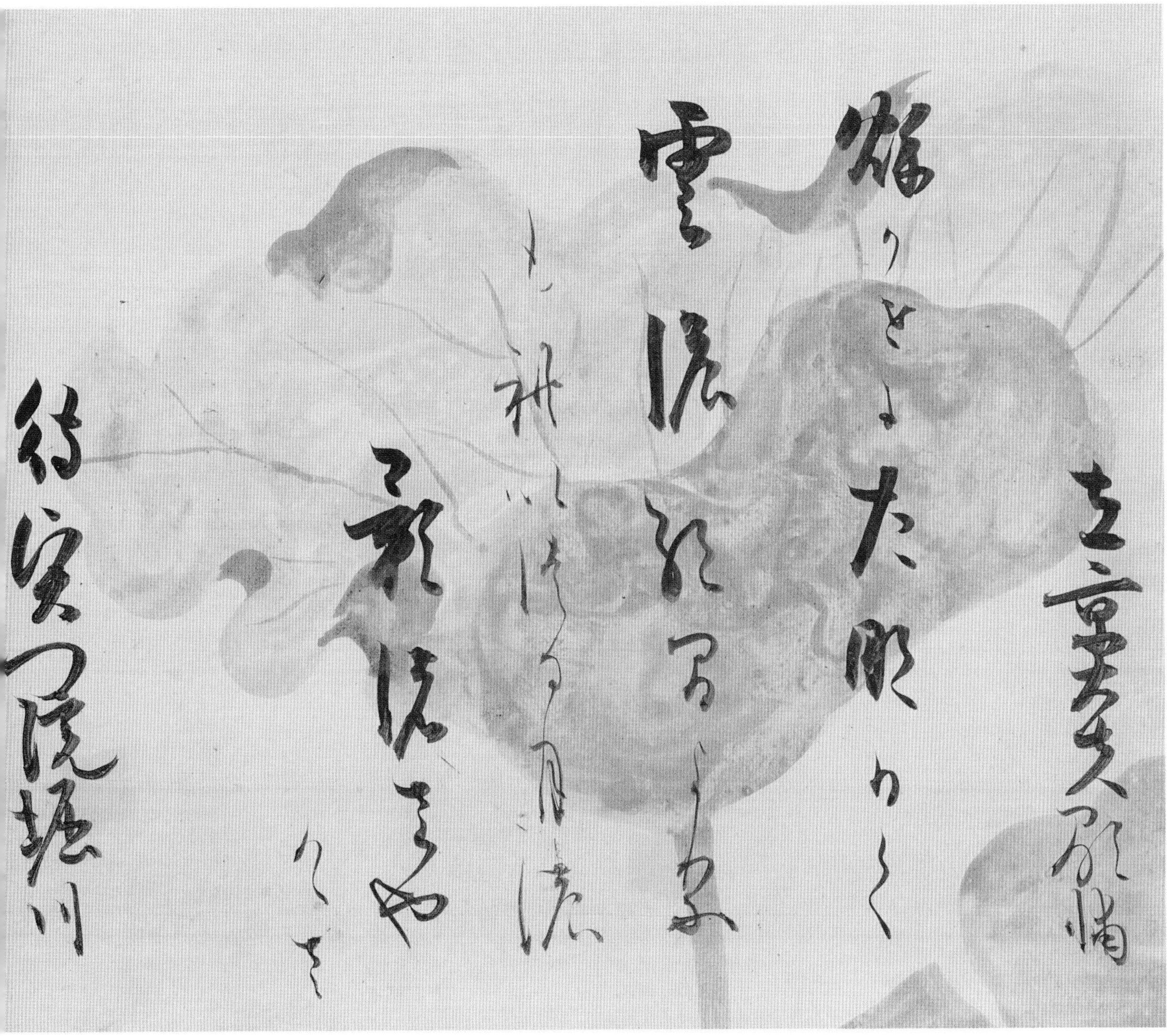

晴りとよ田の面の

雲はれてよりも

花ほをや

ちゝ神ふる月流

花ほまや
りを

冷泉院堀川

けふのすゝめ……みつはなめところ

その（う）……ひわもん

みつのうき（う）……すそ……らいきするより……ゆ

きのうちよきめしするよりわ

きしらわみ……あ……おゝれてよる

ころやあるゝいうへなゝみん

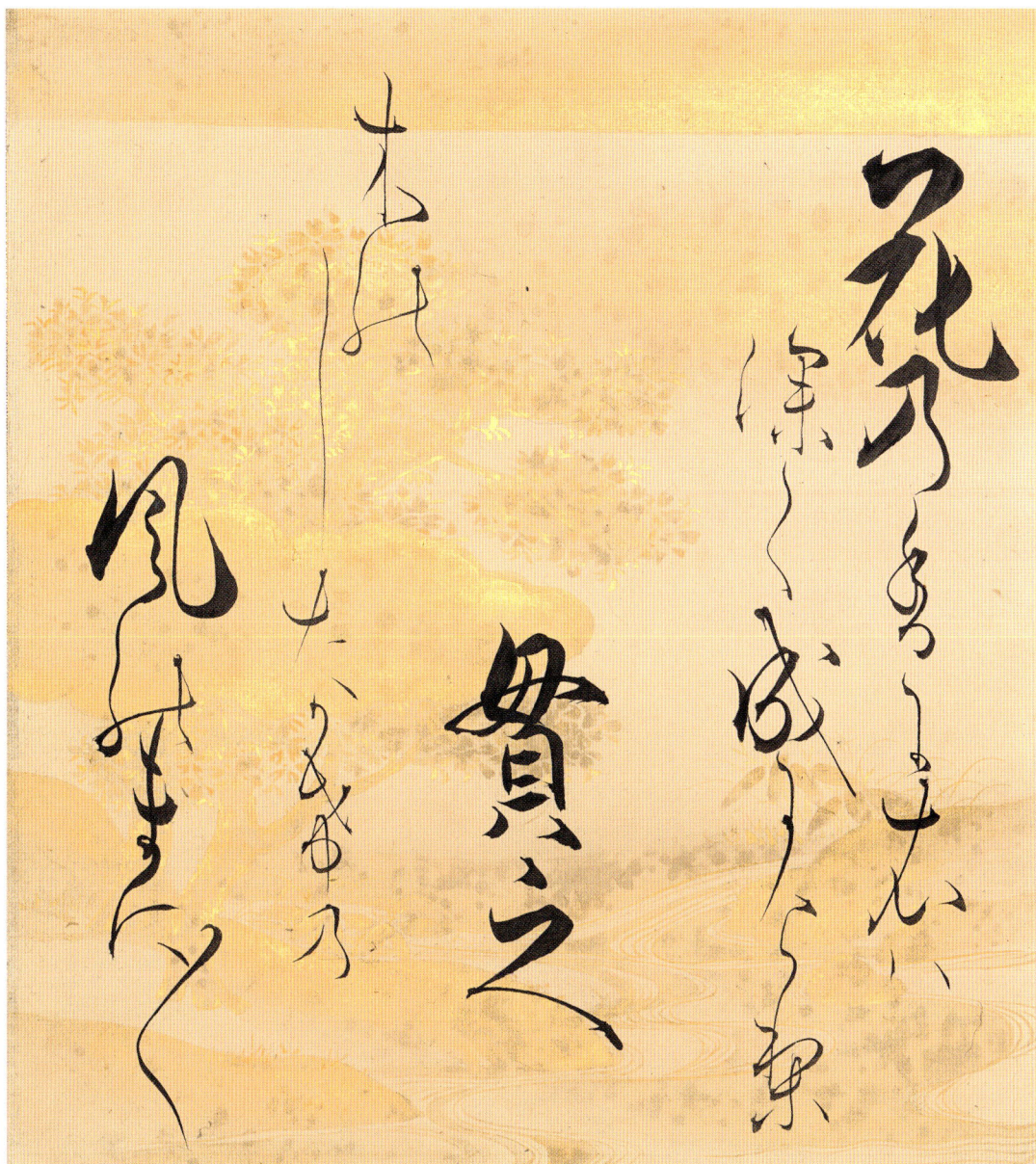

64 页 **小岛切**

小野道风（894—966）

早期日本书法可参见《小岛切》书卷，它是 10 世纪一个重要的书法作品合集。作者小野道风被认为是日本书道的三位开创者之一。这幅作品在京都南禅寺附近的野村美术馆中展出。

65 页 **和歌**

纪贯之（872—945）

这首诗的作者纪贯之是著名作家、诗人、评论家，后来曾担任地方长官。这首诗写在尾形宗谦（1621—1687）的卷轴上。它是一首 31 音节的和歌，这种于 17 世纪中叶发展起来的书法风格通常在诗句中带有诗人的名字。

65

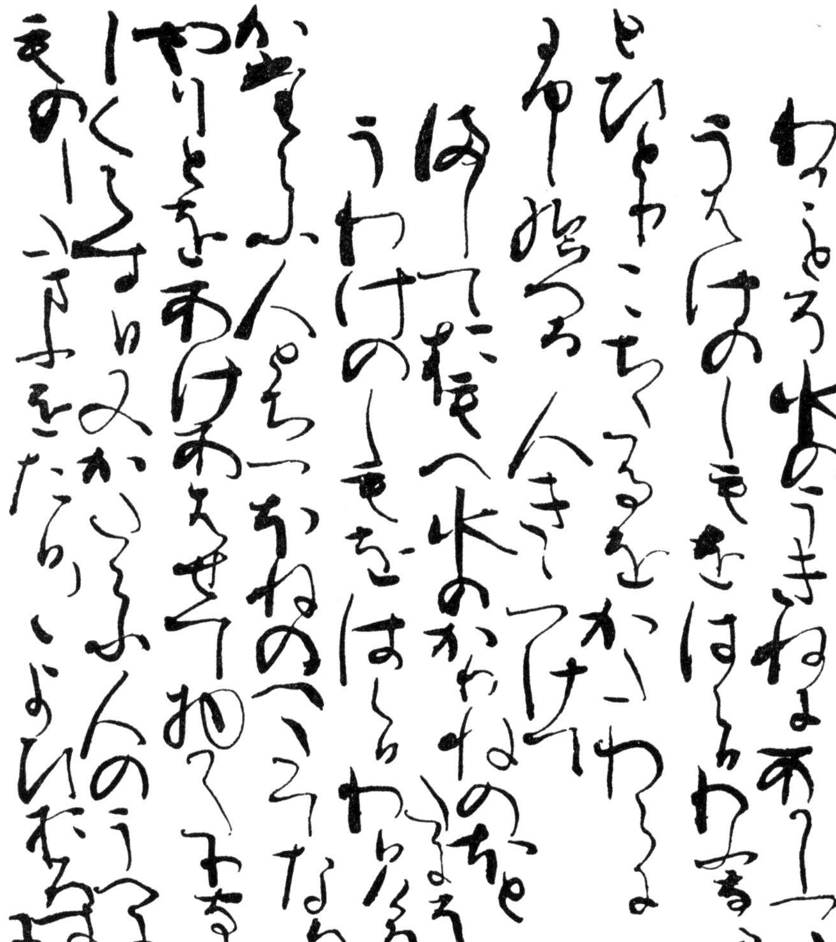

和歌

藤原定家（1162—1241）

这是藤原定家的独特书法风格。他是一位诗人、评论家、书法家、小说家、选集作家、抄写员和学者，编撰了《小仓百人一首》。这幅书法作品以他的一首和歌为主题，是其最为主要的代表作之一。

和服

芹泽圭介（1895—1984）

这件和服以假名拼贴装饰而成，由芹泽圭介设计，创作于 1961 年，现存于东京国立近代美术馆。芹泽个人有两个博物馆专门展示他的作品，他的作品受到了冲绳技术的影响。

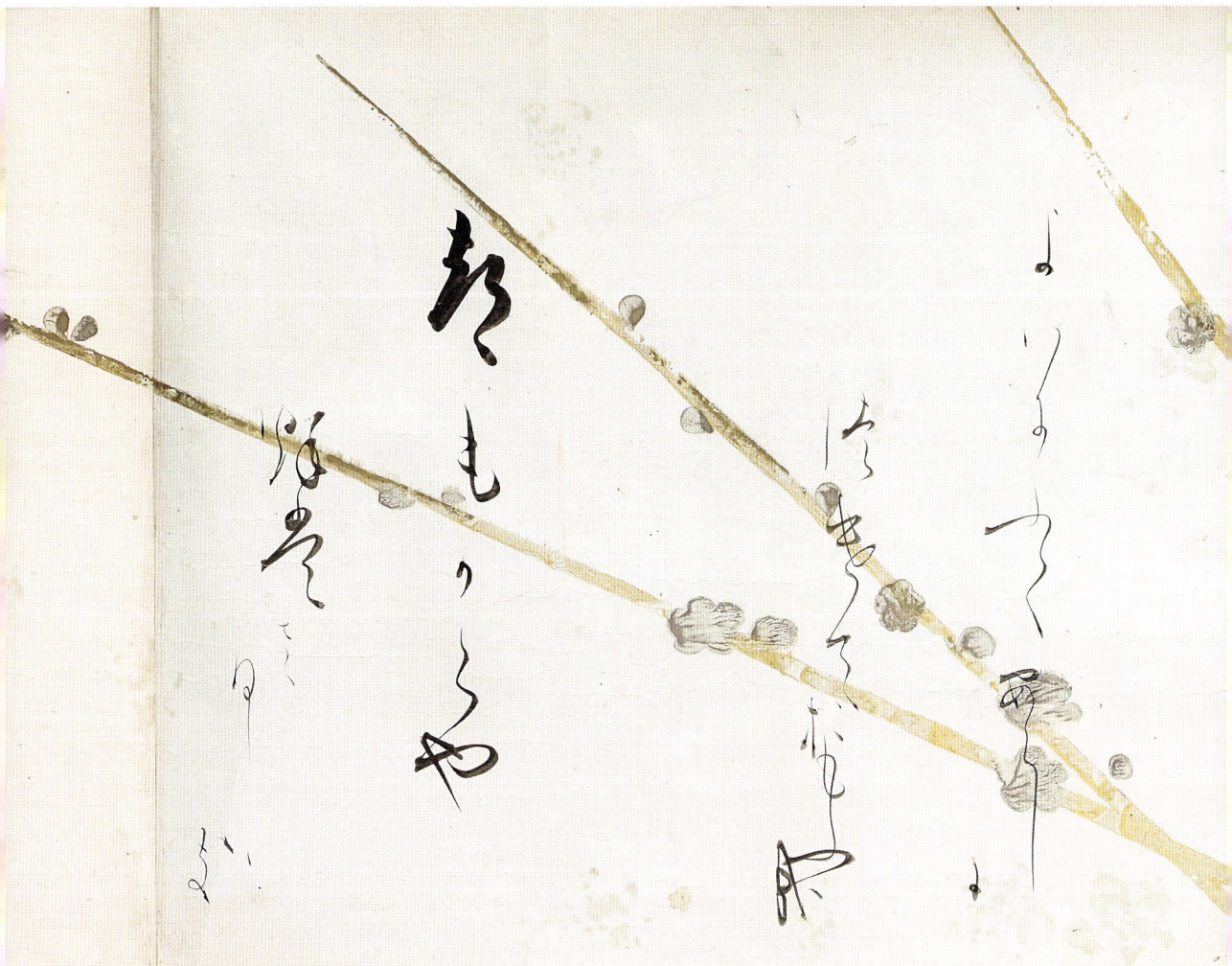

よりものつくるもの

いちもつくるかはな

あきもつるや

はなをいつかれい

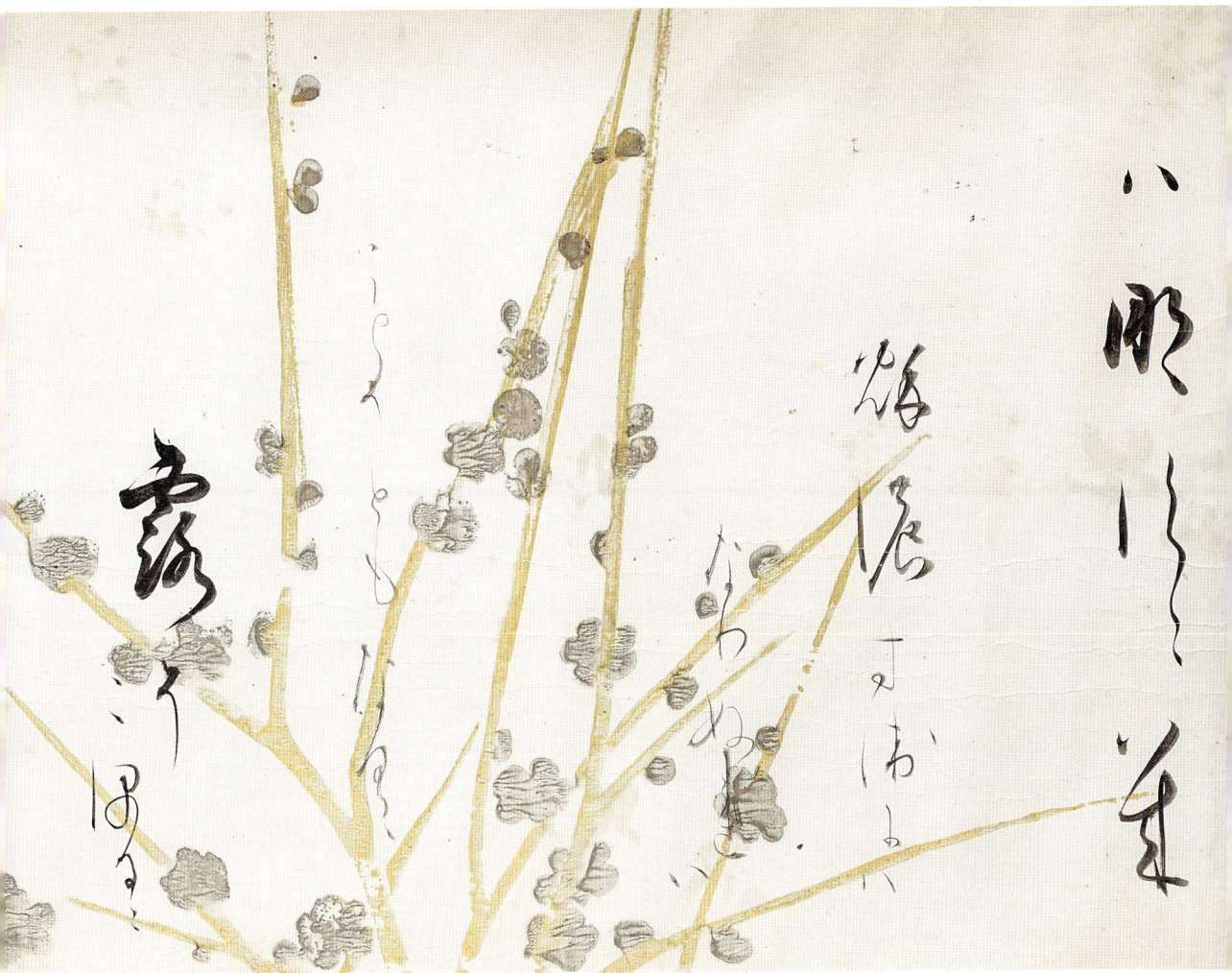

和歌

本阿弥光悦（1558—1637）

这首以树为背景的和歌作品，收藏于野村艺术博物馆，出自著名工匠、陶艺家、漆匠和书法家本阿弥光悦之手。光悦出生于京都的刀剑世家，同时也是一名娴熟的茶道修行者。

70 页 壶

鱼住卿山（1946— ）

这幅大型书法作品面积超过一平方米，"壶"字可引申为瓶，展示了书道的动态风格。作者是日本著名的书道领军人物鱼住卿山，他还是书道历史研究者、大学教授、作家和漫画家，其漫画作品以"鱼住和晃"为名。

71 页 三光

紫舟

日本当代国宝级书法家紫舟，将书道带入 21 世纪，并与雕塑、绘画结合起来。她不仅为日本一些最古老的寺庙创作作品，甚至还为迪士尼电影设计汉字。这幅作品由三个不同的"光"字组成，是为日本某著名的杂志而作。

折纸

纸制珍品

折纸指通过折叠纸张来制作一定的形状，它或许是最简单的禅宗方式。日语中，折纸由折叠（ori）和纸张（kami）两个单词直接组合而成。折纸是否可以被视为一种严格的禅宗追求，还存在着相当大的争议。尽管如此，一些著名的禅宗人物都曾修习过折纸艺术，而一些最著名的日本折纸大师也都是禅宗的修行者。

　　折纸艺术和纸张都是从中国传至日本的。一般认为，大约在公元6或7世纪时，纸张传到了日本，但折纸艺术是何时传入的却不太清楚。可以确定的是，随着艺术和文化生活的繁荣（尤其是在京都宫廷周围），折纸艺术在平安时代迎来了蓬勃发展。事实上，当时纸张的价格仍然十分高昂，普通人根本支付不起，使用纸张的人群仅限于贵族阶层。

　　坚固柔韧、可以反复折叠的和纸的出现，对折纸艺术的发展起到了重要作用。最常用于制作和纸的原材料是桑树的内层树皮。传统的和纸是通过去除树枝的其余部分，敲打和拉伸树皮制作而成。自公元8或9世纪完善后，这种造纸方法基本没有什么变化，只不过由于机器造纸的成本更为低廉，如今大都使用机器造纸。在19世纪后期造纸业的鼎盛时期，据说有超过10万个日本家庭从事这一行业，到如今这一数字只占很小的一部分。

　　日本折纸工艺最初是用于宗教仪式的锯齿状纸饰品——与当地的神道教仪式息息相关，而不是佛教。直到今天，类似的装饰仍然在神社或其他场所举行的日本婚礼上可以见到。

日本折纸工艺史上另一个重要的发展是熨斗（noshi）折纸的习俗，即将白色折纸（熨斗）与一块肉或鲍鱼放在一起作为礼物。自室町时代开始，武士们常在重要场合赠送熨斗，认为这样会带来好运。同样是在这一时期，出现了现今已知最早的关于日本折纸的两本书。在接下来的几个世纪里，折纸得到更广泛的应用，尽管其流行程度似乎随着时间的推移不断波动。到了17世纪，标志性的折纸设计（例如纸鹤）已经广为人知，并出现在浮世绘中。

有意思的是，19世纪日本折纸艺术的发展，却是在一位欧洲教育家的推动影响下形成的。在明治时代初期，当时的日本政府致力于从西方引进思想和技术，从而迅速实现日本的现代化。这一现代化的努力也包括教育。1876年，基于德国教育家弗里德里希·威廉·奥古斯特·福禄贝尔（1782—1852）的思想理念，第一所由政府开办的日本幼儿园成立。福禄贝尔提倡教小孩子折纸来促进他们的发展，随后折纸也成为日本幼儿园的重要活动。这一传统一直延续至今。

内山兴正（1912—1998）出生于明治时代的最后一年，后来成为曹洞宗的禅师和著名的折纸大师。内山兴正的父亲和祖母都是受人尊敬的折纸大师。而作为西方哲学系的学生，内山写了20多本关于禅宗和折纸的书籍，其中包括他最著名的著作《打开思想之手：禅宗佛教实践的基础》。他还创造了许多新的折纸样式，包括一些非传统的造型，如汽车等。1965年，内山兴正成为京都附近安泰寺的住持。自1975年直到去世，他一直和妻子同住在另一座寺庙里，从事写作，修习禅宗和折纸。

现代折纸的另一个关键人物是吉泽章（1911—2005）。他在成为一名职业折纸艺术家之前，曾是一名禅宗僧侣，修习了两年禅宗。吉泽章以在折叠之前祈祷而闻名，希望自己能与折出的动物或物品的灵魂融为一体。他创造了湿折法，即微微润湿纸张使其更具柔韧性，从而折出更加多样的形状。他于1954年创立的折纸标记方法，说明了折纸的方式和折叠的位置，彻底革新了折纸这门艺术，并使其在全球传播开来。据吉泽估计，他一生中大约创造了5万种不同的折纸形状。

禅宗的中心目标是清空大脑的意识思维。经过长时间的练习，折纸艺人的动作成为下意识的行为，这就是他们所追求的一种状态。在一项活动中完全忘却自我的观念与禅宗教义有着强烈的共鸣。而仅用一张方形的纸就折出变化多样的形状，也应和了万物都是相互联系的这一佛教思想。

如今世界各地的人对折纸的兴趣越来越浓厚，因为在这个日益加速的自动化和信息过载的时代，许多人试图跳脱快节奏的现代生活，而用双手折纸可以帮助人们找到质朴和宁静之感。

纸鹤

吉泽章（1911—2005）

日本每个小学生都会学习折纸鹤，因为鹤是和平的象征。这只鹤由现代折纸大师吉泽章创作，他对 20 世纪折纸艺术的复兴起到了重要作用，同时他也是日本文化的全球大使。

大猩猩

吉泽章

在漫长的职业生涯中，吉泽章创作了超过 5 万种不同的折纸作品。他对折纸工艺最重要的贡献之一就是湿折法。图中这只大猩猩就是运用湿折法创作的，观者可以明显感受到纸张更加柔韧、更具延展性。

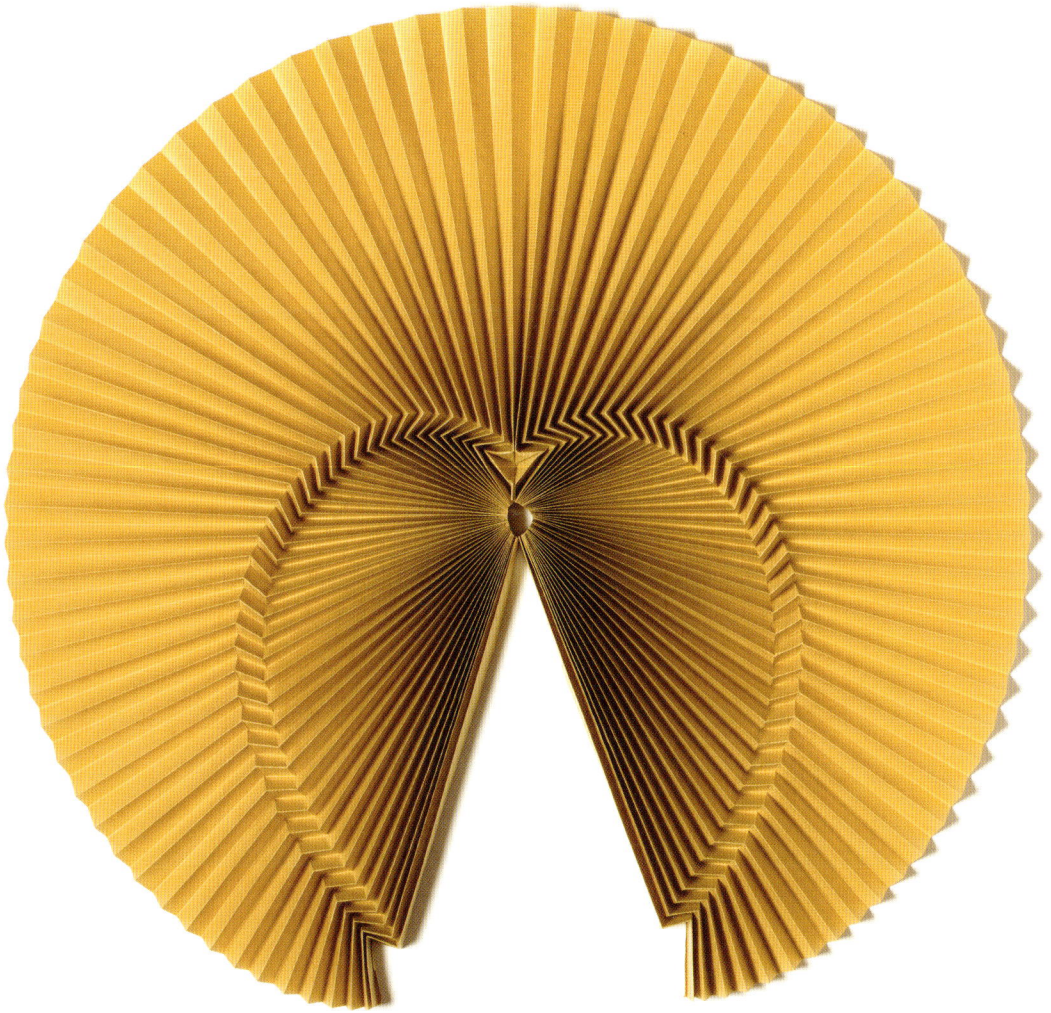

魔法扇

布施知子（1951—）

这是著名当代折纸艺术家布施知子的作品，其灵感来源于一把扇子。该作品
运用了布施知子著名的重复折叠技术，创造了多层结构。

雪中白兔

吉泽章

在这一作品中，吉泽章试图呈现出兔子逃离危险时的动作。他曾将兔子的动作称为禅宗所描述的"从静止中生发出来"。

小象

吉泽章

动物是吉泽章最喜欢的一种折纸造型。他创造了数以千计的动物折纸，其中包括许多大象。他技术精湛，能够创造出比普通折纸作品更为逼真的动物形象。

大蛇

布施知子

这是布施知子的另一件作品，同样采用重复折叠技术，因此产生了独特的折纸形状和全新的结构。长条形的蛇身，可以延长或缩短，弯曲或卷起，给人一种活灵活现的感觉。

三角舞

布施知子

这两件作品使用了折纸镶嵌方法，通过用同样的方式重复折叠纸张，创造出独特的层次和图案。这个图案的风格似乎受到了古代伊斯兰建筑的影响，布施知子采用了她原创的"螺旋褶皱"和重叠的"扭曲褶皱"技法。

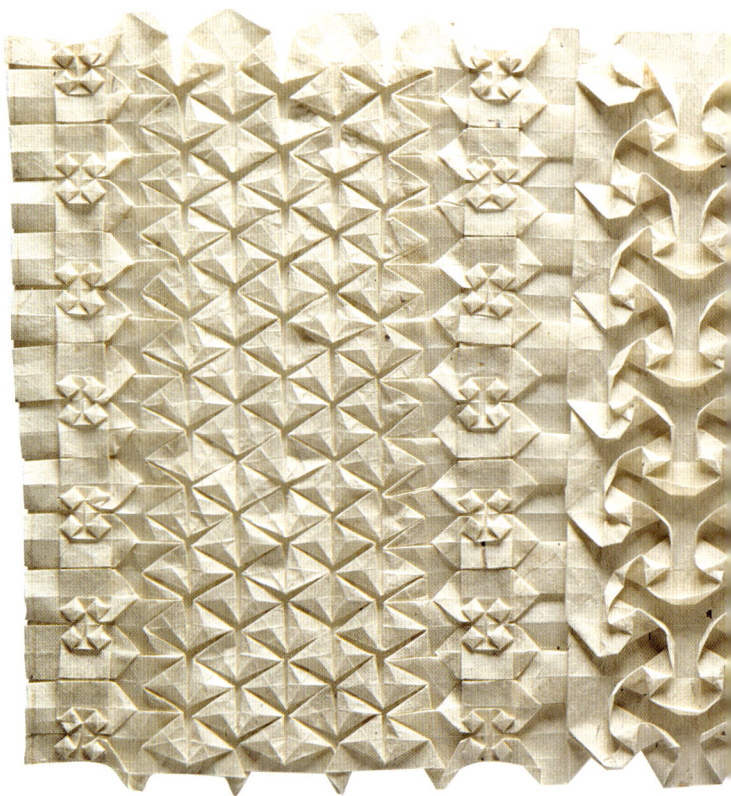

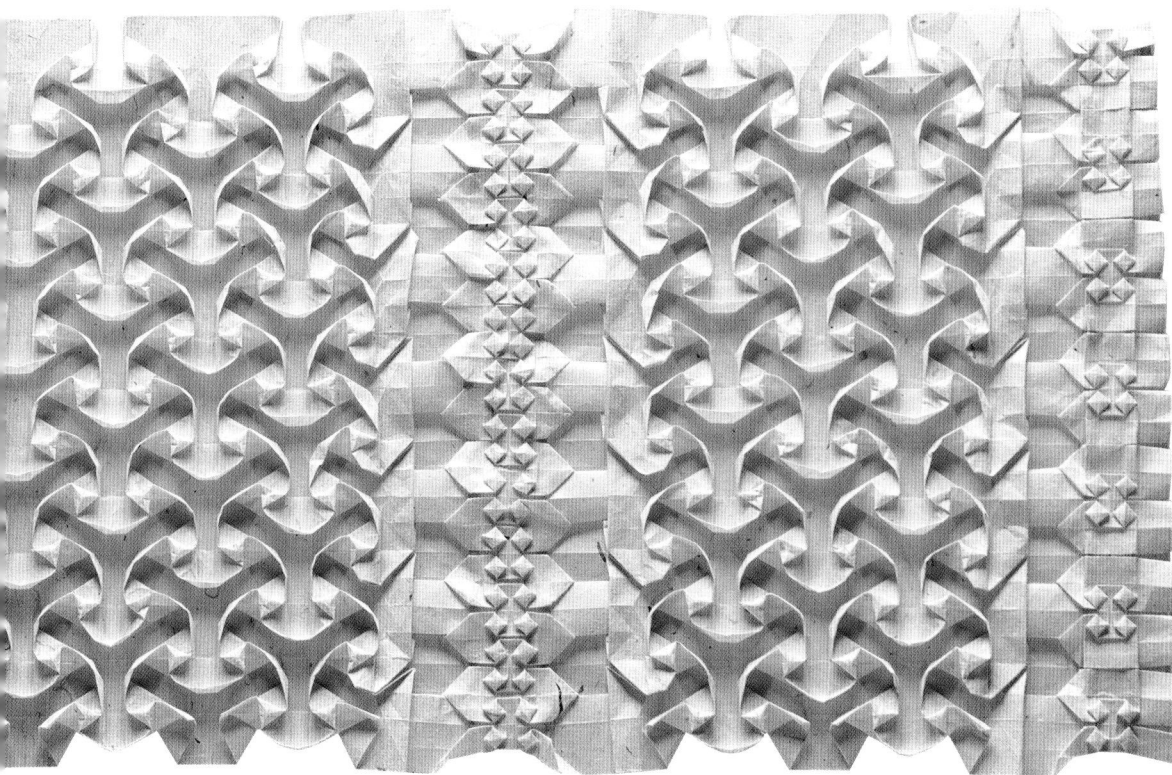

河流

布施知子

这个折纸作品宽度超过 1 码（91.44 厘米），长度超过 7 码（640.08 厘米），
展现了布施知子"无限折叠"的技术。制作如此大规模的作品时，布施知
子通常使用障子纸，即一种传统日本和屋中常见的门窗和墙壁的用纸。

寺庙与园林

空间的艺术

日本禅宗的精神家园——禅宗寺庙，通过其氛围、建筑和花园反映出许多禅宗教义。然而，禅宗寺庙与伊斯兰教的清真寺或基督教的教堂不同，它并不是大规模礼拜的场所。禅宗寺庙中最神圣的空间用来存放神圣的禅宗工艺品，通常不对外开放。禅宗寺庙通常也是僧侣们在禅师和住持的监督下接受严格修行的地方。除了宁静的环境、迷人的建筑、华丽的雕像和玄妙的绘画以外，寺庙还常常有花园环绕，引人入胜。

中国建筑对日本禅宗寺庙的影响显而易见。日本寺庙有其鲜明且独特的风格，但在各种日本佛寺中可以找到许多中国历代建筑的印记，而韩国和印度的佛教建筑元素也时常融合其中。

除了石头地基和一些平台外，禅宗寺庙主要使用木材建造。日本寺庙有四种主要风格，其中禅宗样（zenshuyo）是最接近中国寺庙的。事实上，在20世纪以前，禅宗样一直被称为唐样（karayo，中国风）。主屋顶明显的弧度让人想起中国的寺庙，只不过日本寺庙使用木瓦，而不是中国常用的瓦片。主佛堂的大殿通常有两层屋顶，加上第二层的裳阶（mokoshi，副阶），总体给人一种两层建筑的印象。长而弯曲的屋檐遮挡了一些原本会进入室内的阳光，增添了柔和的气氛。禅宗寺庙建筑的其他特点是有镶板门、尖拱形窗户和土质地板。

大多数佛教寺院的主要入口，包括禅宗寺院，通常都有一对仁王（Nio）雕像，意为"仁德的国王"。雕像看上去十分凶猛，可以保护佛陀免受邪魔侵扰。一对标准的仁王雕像由两个相似但又不完全相同的人物组成，一个张着嘴，另一个闭着嘴。据说，这种雕像源于印度教，可以追溯到佛教在印度的起源。

传统的寺庙布局被称为伽蓝七堂，通常包括位于南北中轴线上的山门、佛殿、法堂、僧堂，东边的澡堂、藏经阁，以及西边的僧侣禅室。在一些禅宗寺庙里，厨房和厕所也算作两堂。此外，禅宗寺庙的另一个显著特征是缺少其他宗派建筑中常见的宝塔。

日本是地震频发的国家，为了加强主殿的抗震能力，四种寺庙风格中的禅宗样和大佛样（daibutsuyo）都使用穿过支柱的梁来加固其结构，而不仅仅是附着在柱子表面。然而，这样的加固无法防止火灾发生，许多木结构建筑在几个世纪中都被大火吞没，或是因为武力冲突，或是因为意外事故。一些非常著名的寺庙都是重建后的产物，有的甚至经历过多次重建。

尽管私人住宅、博物馆和公园里都可以见到禅宗园林，但最著名的还是在寺庙中。日式园林的共同点是：小规模的景观，刻意的不对称性，以及低调的象征。其中枯山水（karesansui）最为鲜明地体现了这些特征。

枯山水将源自侘寂、禅宗美学和灵性的元素集中在一个实体中。传统西方园林的重点往往是花卉、树木或鲜艳的色彩，而枯山水则侧重于石灯笼、岩石和沙砾，色调显得较为柔和。

已知最古老的日本园林规划书籍是《作庭记》，字面意思是"建造园的记录"，作者是橘俊纲（1028—1094）。人们认为，这本书体现了在平安时代发展起来的长达数百年的口述传统。根据《作庭记》可知，枯山水在日本历史久远，其风格深受中国影响。岩石在中式园林中非常重要，象征着中国古代神话中的山脉，此外，湖泊、岛屿和其他水景在中式园林设计中也不容忽视。早期的禅宗园林遵循着中式园林的蓝本，直到14至15世纪，日本逐渐发展出了新的园林样式，其中绝大多数存在于京都和镰仓的禅寺中。建造这些枯山水的目的，主要是用来帮助人们沉思和冥想。

与其他形式的禅宗艺术一样，枯山水故意创造不完整的景象，邀请观者介入以使其变得完整。乍一看，岩石与其位置似乎至关重要，但营造的空间才是真正的关键。不对称的样式一以贯之：奇数的岩石、石群，以及它们之间不均匀的空间。

著名的僧侣、诗人和书法家梦窗疏石是禅宗园林发展过程中的重要人物。14世纪30年代，梦窗疏石成为一座佛教寺庙的首席禅师。这座寺庙曾是圣德太子的别墅，梦窗疏石将其建造成一座禅宗寺院，取名为西芳寺。其庭院分上下两段：下段是传统的平安时代风格，有一池塘，周边铺上岩石，象征着岛屿；上段是枯山水式园林，被后世奉为禅宗杰作。这一枯山水式园林中主要有三种岩石：一种形似海龟，一种是平坦的"冥想石"，一种是分层岩形成的干枯瀑布。有趣的是，如今这一园林如此闻名，正是因为之前它为人们所忽视。在建造完成后的几个世纪里，由于无人照料，京都的潮湿气候使这片空间长出了许多苔藓。西芳寺中如今有超过 120 个品种的苔藓，因此又被称为苔寺。

　　人们认为，梦窗疏石进一步确立了禅宗园林的特征。池塘周围铺设的白色砾石被塑造成完美的圆锥形，最初用在京都银阁寺（又称慈照寺）中，这显然是在模仿富士山的样子。在接下来的几个世纪里，日本各地禅宗寺庙的园林都运用了这一被称作向月台的沙砾造型。最初的向月台如今仍存在于银阁寺中。

　　京都天龙寺中的园林是梦窗疏石的另一个重要作品。这座园林被称为曹源池庭院，因其中的一个大池塘"曹源池"而得名，明显受到中国园林的影响。游客可以在池塘周围漫步，从不同的角度欣赏风景。最佳的观赏角度或许是方丈住所的宽阔檐廊，从那里可以看到岩石瀑布和远处作为寺庙背景的群山，这是禅宗园林中常用的借景手法。

　　天龙寺于 1345 年首次建造，距今被大火烧毁了不下 8 次。这座寺庙建在檀林寺（日本第一座禅寺）的遗址之上。天龙寺是临济宗最重要的寺庙之一，也是被联合国教科文组织认定的世界文化遗产。据说，天龙寺院内曾含有 150 座次级寺庙。如今，天龙寺位于京都西部，规模只有其鼎盛时期的 1/10。

　　天龙寺附近的另一座寺庙——临川寺，也属于临济宗。临川寺中坐落着京都最大的枯山水式园林。关于这座园林的建设者一直存在争议，有人认为是梦窗疏石，也有人认为是几个世纪后的一位女性。事实上，许多梦窗疏石所造园林的寺庙在长达 10 年的应仁之乱中都被摧毁，战乱使得京都和许多地方荒芜一片，这意味着许多园林很可能都是依照原样经过重建的。梦窗疏石还在许多其他寺庙中建造了园林，包括镰仓的瑞泉寺、净智寺和圆觉寺，岐阜的永保寺，以及山梨的惠林寺。

京都现存最古老的禅寺——建仁寺，也属于临济宗。建仁寺是荣西禅师（1141—1215）于1202年创立的。其中的园林据说是以仙崖义梵的圆形—三角形—正方形书法为基础。荣西还在福冈的博多创建了圣福寺。圣福寺建成于1195年，是日本最古老的禅宗寺庙之一。

京都有1500多座寺庙和神社，其中国际上最著名的是龙安寺，同样也是临济宗寺庙。龙安寺建成于1450年，其中的枯山水园林是禅宗园林的杰出代表。构成这一园林的15块石头，无法从观景台上同时看见，据说只有那些真正开悟的人才能看到最后一块。许多科学家和学者研究这些岩石的几何形状，希望能够揭开这座园林的秘密。有些学者将这样的园林描述为"视觉公案"，是禅宗大师为帮助弟子们开悟而设置的一种实体谜语。

如今，龙安寺的园林吸引着来自世界各地的游客，他们坐下来思考其岩石布局的意义（但并非总是如此）。一组20世纪早期的照片展示了园林中疏于照料而杂草丛生的一隅，与我们脑海中有僧侣悉心耙出完美砾石路线的想象截然不同。事实上，今天园中的岩石依旧任由苔藓生长，即使是精心打理的枯山水园林，也要接受大自然的改造。

京都其他知名的临济宗寺庙还有南禅寺，有着令人印象深刻的巍峨山门、宽敞的园林，以及丰富的艺术收藏。南禅寺始建于 1291 年，至少被大火烧毁 4 次。

大火还曾烧毁京都地区第一座曹洞宗寺庙——兴圣寺，它是僧人道元从中国归来后于 1233 年建造的。大火之后，兴圣寺于 1648 年在宇治重建。宇治位于京都的南边，以生产日本最好的抹茶而闻名。同时宇治也是万福寺的所在地，万福寺是日本黄檗宗的大本山（总寺庙）。万福寺在建筑风格上具有明显的中国特色，历史上大部分住持都是中国禅师。这座寺庙以收藏文物而闻名，其中包括 6 万块重要佛教经文的木版（于 1678 年完工），这些木版至今仍用于印刷黄檗宗的佛教经文。

镰仓位于东京西南 50 千米处，是 12 世纪末至 14 世纪初的幕府所在地，也是禅宗佛教的另一个主要中心，至今仍留存着许多重要寺庙。寿福寺是镰仓这一海滨城市最古老的禅宗寺庙，建于 1200 年，属于临济宗寺庙。在寺庙的主殿后面，有一排洞穴作为去世方丈的墓地，暂不对外开放。镰仓还有许多重要的曹洞宗寺庙，例如建于 1253 年的建长寺，是日本最古老的禅修寺庙之一。

曹洞宗有两个主寺庙：如今福井县的永平寺和横滨鹤见的总持寺。因对日益华丽的佛教寺庙感到失望，道元于 1243 年创立了永平寺（最初名为吉祥山大佛寺）。相对简朴的永平寺位于山林深处，至今仍有 200 多名僧侣在此进行虔诚而严格的禅宗修行。

莹山绍瑾（1227—1325）于 1321 年在诸岳寺的原址建立了总持寺。诸岳寺原是一所位于福井附近石川县的真言宗寺庙。1898 年，总持寺被大火完全烧毁。1911 年，总持寺在横滨重建，如今仍是曹洞宗的中心。

　　日本不仅有许多具有重要文化意义的禅宗寺庙，还有数以千计的小型寺庙分布在全国各地，每座寺庙都有自己独特的魅力和历史。

98—99 页 **惠林寺园林**

惠林寺是一座临济宗寺庙，坐落于山梨县群山之中，建于 1330 年，
由梦窗疏石设计。寺庙的榻榻米房间和连接走廊的缘侧，是观赏园
林的最佳位置。

正传永源院

正传永源院由禅师无涯仁浩（Mugai Ninko）建于 1346 年，由织田长益于 15 世纪修复。织田长益是织田信长的弟弟，同时也是茶道大师千利休的学生。正传永源院以茶室和园林而闻名，一年中的大部分时间都不对游客开放。

源光庵

源光庵于 1346 年建立，当时为临济宗寺庙，1694 年改为曹洞宗寺庙。寺庙坐落在京都的西北偏僻处，其闻名于世的圆形"顿悟之窗"和方形"迷惘之窗"，为侘寂的园林提供了不同的视角。

102 页 天龙寺的檐廊

参观者在京都天龙寺的檐廊上可以看到寺中的园林，这座园林是梦窗疏石的杰作之一。檐廊本身也是一件艺术品。寺院里有一家餐馆，供应佛教僧侣所食用的精进料理（素斋）。

103 页 银阁寺

银阁寺的银阁模仿金阁寺而建，但银阁寺的外表并没有银箔，无法与金箔包裹的金阁寺相互映照。相传，这是因为幕府将军足利义政还没有建造完成就花光了钱。银阁寺后来变成了一座禅宗寺庙。

这座京都的寺庙因其中的苔藓园林而闻名，也常被称为苔寺。该园林被认为是梦窗疏石非常重要的作品。

龙潭寺建于 1000 多年前，是静冈的一座寺庙，历经 40 多代人的传承。这座园林由小堀远州建造，是日本国家风景名胜区，园中有一个形似汉字"心"的池塘。

106 页 **报国寺的石灯**
上图为日本镰仓报国寺竹林中的一盏石灯。
由于被绿竹环绕，报国寺又称为竹林寺。

107 页 **报国寺竹林**
报国寺建于 1334 年，是临济宗寺庙。报国寺的竹园里点缀
着石灯、布满苔藓的石头和地藏（保护儿童和旅行者的菩萨）
小石像。庭院里有一座禅宗园林、一个茶室和许多洞穴。

108 页 **龙安寺的蹲踞**

石头蹲踞是一个小小的石盆，通常带一个长柄勺，位于寺庙和茶室的入口处，供游客在进入前清洗双手和嘴巴，以净化自己。

109 页 **退藏院里的一名僧侣**

下图中，一名僧人正穿过京都妙心寺的退藏院池塘。妙心寺作为日本最大的寺院建筑群，藏有许多珍宝，其中包括现存日本最古老的水墨画《瓢鲇图》。

110—111 页 **承天寺的禅宗园林**

福冈博田的承天寺建于 1242 年，属于临济宗寺庙，由圆尔辨圆从中国学禅回国后建造，是日本最古老的寺庙之一。园中的枯山水据说是以京都建仁寺为模型而建造的。

112 页 上 **银阁寺的向月台**

银阁寺向月台的起源、含义和年代一直无法确定，但这一沙砾造型在许多其他寺庙中也十分常见。虽然通常被称为银阁寺，但它真正的名字是慈照寺。

112 页 下 **建仁寺主殿的枯山水**

建仁寺是京都最古老的禅宗寺庙，其主殿的大型枯山水是寺中四大特色园林之一，另外还有根据仙崖义梵著名的圆形—三角形—正方形书法而建造的园林。

113 页 **龙安寺的枯山水**

由 15 块长满青苔的石头和精心耙过的砾石构成的龙安寺园林，不仅是枯山水的典型范例，也是世界上最著名的园林之一。住持住所的木质檐廊是观赏园林的最佳地点。

盆栽

微观的自然

西南卫矛盆景

苍白的树干与鲜艳的果实形成鲜明的对比，使得西南卫矛成为盆景栽培者的最爱。这种短枝较难上手操作，如果任其生长，可以长到20多米高。

在盆中种植微型树木这种艺术形式，大约与禅宗同时从中国来到日本。两者之间有着十分紧密的联系。虽然在亚洲的其他地区也十分常见，但是在日本，盆栽艺术受到禅宗思想的影响达到了一个全新的高度。

盆栽（bonsai）一词的意思是"托盘中的植物"，起源于中国。这种习俗在中国已经有好几个世纪的历史了，而且日本的记录表明，在13世纪日本人熟知盆栽的概念之前，就已经有了关于来自中国盆栽的记载。和很多其他从中国穿越海洋传入日本的文化、艺术一样，盆栽艺术提炼并吸收了日本本土的美学元素，别具一格。

关于日本盆栽的最早记录并不十分确定。1195年的《西行物语绘卷》中，展示了一些看起来像是盆栽的树木。《春日权现验记绘》（1309）中也描绘了盆中的小树。这套20幅的画卷由藤原家族的成员与当时奈良七大寺之一兴福寺的僧侣共同完成，画中记载了当时当地的一些神灵传说，其中还出现了盆栽树木，表明养盆栽艺术在日本已经十分成熟。

对于盆栽一个常见的误解是：盆栽是通过基因改造或者以特殊树种培育的。事实上，盆栽就是以普通树木的种子或枝条自然生长出来的，通过修剪枝条、根系甚至树干来控制其大小和形状，同时用特定的方法浇水、施肥来限制其生长。此外，盆栽树木可以通过设置线材或其他工具来打造理想的外观。根据生长速度的不同，在不同的发育阶段，树木通常会被移植到不同的盆中，以塑造它们的造型。

一开始，盆栽就和禅宗紧密地联系在一起。不仅盆栽是由那些引入禅宗的僧侣学者以同样的路线从中国引入的，关于盆栽艺术的一篇开创性文章也是由一位著名僧侣撰写的。虎关师炼（1278—1347）8 岁时便在京都南禅寺修行，后来成为一位受人尊敬的研究中国诗歌和书法的学者。虎关师炼在 1300 年左右写下的《盆石赋》，奠定了日本园林、盆景和盆石（bonseki）的美学基础。盆石指的是在平面漆盘上仅用沙子和小石头创造出微型景观。

　　在虎关师炼《盆石赋》之后的一个世纪里，盆栽变得越来越精致，受到高度重视，最终流行开来，成为文人雅士最喜欢的消遣方式。受禅宗思想的影响，培育盆栽的首要目标是还原树木的本真面貌，避免留下任何人工操作的痕迹。随着时间的推移，种植盆栽在普通人和禅宗信徒中也越来越流行，开始演变出不同的风格。

　　与其他禅宗艺术类似，培育盆栽最重要的是创造盆景的过程，而不是最终所呈现的结果。照料盆栽要长时间凝神关注，这可以让修行者专注于手头的任务，并从日常生活的琐事中解脱出来。

　　禅宗美学在盆栽培育中也起着至关重要的作用。盆栽可以被塑造成许多形状和样式，但上乘的盆栽常有一些共同的基本特征。不对称和质朴就是两个基本特征。树木不应该占据花盆的中心，尽管缺乏对称性，但观者的视觉平衡仍然至关重要。虽然盆栽在某种程度上是一种对自然的操控，但它力图再现自然世界，而不是肆意扭曲或屈从于人类意志。盆栽总是在生长，从未完成或达到完美，体现了侘寂中无常的特点。

虽然盆栽可能永远都不会完成，也不会永久存在，但有些盆栽已经存活了几个世纪。东京的八芳园中就有这样的盆栽，据说至少有500年的历史。在东京皇居中，也有一个可以追溯到几个世纪前的盆栽。据说许多天皇都曾照料过这一盆栽，如今已是日本的国宝。

盆栽的最终目的是激发观者的深思，以及培养修行者，就像他们悉心培育一棵赏心悦目的小树一样。盆栽艺术也随着时代的发展而不断发展。例如，日本九州的一家创业公司培育出飘浮在电磁基地上空的树木。该公司于2016年年初发起了一场众筹活动，筹得的金额超出了最初目标的10倍，全球的盆栽爱好者纷纷认捐。

122 页　纱丽
这棵杜松树的树干已经被塑造成长长的、扁平的、扭曲的形状，
使用了纱丽（shari，没有树皮的枯木）技术，需要多年才能实现。
这一过程包括剥离树皮，用石灰漂白裸露之处，这样能保护树木
的其他部分免受感染。

123 页　苔玉
用苔藓球作为盆栽底座的做法，在江户时代
十分流行。苔玉（koketama）作为引人注目的
替代花瓶，体现了简单、不对称和自然的侘
寂美学。

中国木梨

图中的盆栽可以清晰看见根部，根部上方是粗大的树干，顶端是茂密的
树枝。在韩国，木梨可用于制茶；在中国，木梨则可用于治疗关节炎；
而在日本，则用其木材来制作三弦琴（三味线）。

日本冬浆果

这种树的鲜红色浆果深受盆栽行家的欢迎。日本冬浆果的根部十分粗壮，令人印象深刻。图中的盆栽曾参加过日本最为重要的盆栽展——东京的国风展。

126—127 页 **技艺精湛的操作技巧**
这两张盆栽树干的特写照片展示了一个细节，即培育者为增加树木的观
赏性而刻意塑造盆栽形态。盆栽培育过程中，培育者持续的静心专注与
最终的结果同样重要。

128—129 页 **树干和树根**
这幅关于盆栽根部更大的特写照片，展示了树根与苔藓覆盖的土壤
形成的鲜明对比。自然可能会被人类引导或操控，但从没有真正屈
从于任何人的意志。

花道

插花的艺术

插花艺术（ikebana），是日本众多闻名于世的文化习俗之一。这一词语由"ikeru"（整理）和"hana"（花）组成，同时也被称为花道（kado），由"花"和"道"两个汉字组成。从武术到饮茶仪式，都可以看到"道"的身影。

花道的历史起源并不确定。但是在 15 世纪时，花道已经发展成为一种受到武士和贵族阶级喜爱的精致艺术。日本的武士修习花道，如同他们修习禅宗教义一样，将花道作为一种训练和平静心灵的方式。据说一些武士在上战场之前会参加花道的仪式。

花道或许源于人们以三花供奉祖先佛坛的习俗，这种习俗在日本人的住宅和寺庙中十分常见，据说始于公元 6 世纪。这些花也是三具足供品的一部分，另外还包括一支蜡烛和一根香。花道最早的修习者和老师就是佛教僧侣及他们的信徒。

几个世纪以来，花道发展出了许多不同的类型，其中最早的一个是立花（rikka），字面意思是"站立的花朵"。15 世纪末，在京都池坊花道流派的大师专庆的改良下，立花变得非常流行，以至于它被当作另一个术语来指代整个花道。立花旨在表达自然世界的华丽、美好，分别用松树、菊花等象征永恒和生命。与早期的插花艺术相比，花道最重要的区别之一就是不对称性，这也是禅宗艺术的一个关键要素。在高级武士、贵族和佛教僧侣的家中，以及重要的仪式和节日中，都会展示立花风格的花道布置。

立花的初始形态由 7 个元素组成，这 7 个元素分别代表了不同的自然特征：山峰（ryo）、山丘（gaku）、瀑布（ro）、水边的城镇（shi）、山谷（bi）、阴（in）和阳（yo）。如今的花道学校也会在练习时加入一些其他特征。

到了 16 世纪，茶道的发展促使茶花（chabana）花道兴起。一位具有影响力的禅宗兼茶道大师千利休创立了新的花道形式，因此备受赞誉。他将花道的重心转向了更简单、更低调的方式，以符合他对茶道的理解。这一全新的花道类型把当季的鲜花装在青铜、陶瓷、玻璃或竹子制成的简单花瓶里。花道展示被认为是茶道的重要组成部分，与禅宗书法卷轴一起营造一种气氛，帮助参与者为即将到来的共同活动做好心理准备。

从茶花到投入花（nageire，字面意思为投进去），花道中的正式规则变少了。这反过来又催生了生花（seika）风格，其显著特征是以不对称的方式围绕三枝树枝构建的布局。

花道与禅宗一样，强调极简主义、尊重自然。理解修习花道的过程与最终创作的作品一样有价值，甚至更有价值。花道修习者把创作的过程比作冥想，完全专注于手头的任务，排除世界上所有的干扰。花道中也有这样一种观点，即自然虽然美丽，但从来不会完美，也不可能永恒存在，而总是在逐渐变化。间（ma，空隙或停顿）是禅宗艺术中常见的一个概念，对花道而言也同样重要，因为每朵花和枝条之间的空隙都增强了花道的欣赏性，以及整体的和谐感。

尽管许多人会认为修习花道是一种女性化的爱好，但实际上，日本女性直到

19 世纪初才被允许从事花道。19 世纪中后期，日本在与外界几乎完全隔绝了 250 年之后开放了边境。花道也因此受到了西方插花艺术的影响，持续发展。1930 年出现了另一个重大变化，草月流（sogetsu-ryu）花道的创始人敕使河原苍风创作出了风格前卫的作品。这一流派打破传统，开始使用一系列现代材料，如钢铁和塑料等。敕使河原苍风也曾与伟大的禅宗学者铃木大拙相识，并且深受其影响。

如今，在日本注册的花道学校超过 2000 所，在世界其他地区也有同样多的花道学校。

135 页　挂在墙上的插花

这件位于东京一家日式私人餐厅中的简单作品，展现了不对称和轻描淡写的禅宗特征。花朵被放置在一个有点不同寻常的壁挂式容器的边缘，与朴素的背景对比鲜明，但并不突兀。

136—137 页　茶道花

花道与茶道的结合是插花艺术在日本传播开来的一个关键因素。这件作品悬挂在东京市中心一家传统怀石料理餐厅的茶道室中，这家餐厅由建筑师藤山富二郎设计。

138—139 页　榻榻米与插花

这件巨大而引人注目的作品是位于京都仁和寺榻榻米室的核心展品。这座始建于公元 888 年的皇家寺庙，现已被联合国教科文组织列入世界文化遗产名录。插花与障子门上的绘画互相呼应。

140 页 **舞者的扇子**

永仓健一

这件作品是由不拘一格的竹艺艺术家
设计的插花容器，其标题引用了日本
传统舞蹈中使用的扇子。

141 页 **一根竹子的光彩**

永仓健一

这个悬挂的花篮是永仓的另一件作品，
由一根竹子的茎干作为主体结构。

日式房屋

禅 与 建 筑

当人们谈到传统日本房屋时，脑海中所浮现出的要素——榻榻米地板、移动屏风，以及简约质朴的内部装饰——大约在500年前才开始发展。这种建筑由武士建造，并直接受到了禅宗影响，主要体现在各种寺庙建筑以及禅宗教义的简单性与朴素性中。此种风格特征在现代的日本混凝土住宅中仍然十分常见。

日本最早的民居是在地下挖出的土坑房，房顶上覆盖着稻草，可追溯到绳纹时代。随后的弥生时代一直持续到公元250年，恰逢水稻种植兴起，这一时期出现了高架悬空的房子。这种房子可能是从亚洲其他地方引进的，可以有效防止动物接触人们储存的农作物。

从公元6世纪开始的佛教传播过程，通过大量建造寺庙影响了建筑艺术。在当时的日本，寺庙是最为重要的建筑。几个世纪后，日本本土的因素（例如地震和大雨）导致其发展出了与中国寺庙截然不同的风格，包括禅宗样（zenshuyo），这一名称就来源于佛教的派别。与此同时，普通家庭通常居住在一种民家（minka）内，这种房子由木头建造，以茅草屋顶为特征。

贵族们的住宅随着他们越来越富有而变得越来越富丽堂皇。在室町时代，禅宗哲学开始在武士阶层中扎根，并反对这种日益增长的奢靡之风，书院造（shoin-zukuri）这一住宅样式的出现就是很好的证明。这一样式结合了禅宗元素，出现在住持的住所和寺庙的其他房间里。书院（shoin）最初仅指寺庙中用于教授和学习佛法的房间，后来也可指私人住宅中用作书房或接待客人的房间。

书院造的核心要素之一就是在地板上铺上编织垫子。虽然从前也会使用编织垫子，但往往是将其作为可移动的坐垫给重要的客人使用，而现在榻榻米（tatami）成了固定的地板，并覆盖整个房间。事实上，榻榻米一词来自日语的"tatamu"，意为"折叠"，表明不使用榻榻米时，还可以将其折叠收起。榻榻米在日式房屋发展过程中的重要性怎么强调都不为过，它不仅营造了建筑的氛围，还影响了建筑的形状和结构，甚至影响了日本的风俗和文化。

榻榻米的垫子几乎都是长方形的，长度是宽度的 2 倍。它们的实际尺寸因地区而异，最大的榻榻米在京都，名古屋及附近的榻榻米稍微小一点，而东京附近的榻榻米更小。日本房屋的地面面积通常以坪来计算，2 块榻榻米的面积大约为 4 平方 [1]。房间、茶室和商店都是按标准尺寸建造，即根据所需榻榻米的数量。榻榻米的垫子很少裁切，房间都是围绕它们来设计的。

榻榻米脚感柔软，但很容易磨损，所以日本人逐渐养成了进入住宅时脱鞋的习惯。脱鞋的动作通常是在进入玄关前完成，而玄关是书院造样式的另一大特点。坐在地板上的习俗源于榻榻米，是日本文化中不可分割的一部分，有时候是坐在坐垫上，通常采用正坐（跪着坐下，双腿交叠在大腿下面）的姿势。榻榻米也可用来睡觉，通常是直接将被褥铺在榻榻米之上。人坐在地板上的行为也影响了房

1　2 块榻榻米 =1 坪 ≈ 3.3 平方米 ≈ 3.94 平方码。

间的布局，天花板和装饰家具设置得很低，甚至屋外花园的设计也需要考虑到坐下时的最佳观赏视点。

壁龛（tokonoma）也是榻榻米房间中一个重要的特色，这个凹室里通常会陈列艺术品、书法和插花（但很少会同时超过其中的两种），并以禅宗美学特有的不对称形式摆放。与壁龛相邻的多宝格式橱架（chigaidana）是嵌在墙上的橱柜。这种橱柜用来放置书写用具和其他的学习用品，其灵感来自禅宗寺庙中住持的房间。多宝格式橱架将这个房间变成了书房，据说是武士的一种身份象征，尽管事实上很多武士充其量只是半文盲。

各个房间之间以袄（fusuma，滑动门、隔扇）或障子（shoji，可拉式糊纸木制窗门）隔开，二者通常以木质框架和半透明的纸构成。隔扇和障子可以将空间分隔成更小的区域，或隔出一间独立的房间。

书院造房屋通常被缘侧（engawa）包围着。缘侧是一种连接房间内外的走廊。打开房间门窗，就可以欣赏到园林的景色。这些房屋的屋顶是四边的金字塔形，由多层木瓦层组成，原料是日本柏树。

随着日本普通民众日渐富裕，一种名为数寄屋造（sukiya-zukuri）样式的房子逐渐发展起来。数寄屋造借鉴了武士和禅宗僧侣的书院，以及随着茶道普及而兴盛的茶室风格，是高档居所的平民版本。相比之下，数寄屋造比书院造更加简单朴素，不需要像书院造那般严格遵守设计和用料的规则。因此，数寄屋造比书院造更接近禅宗美学。数寄屋造也由此成为日本几个世纪以来传统房屋的主要样式，至今仍在不断建造。

许多现代日本房屋，甚至那些先锋派设计的房屋，都能看到那些融入寺庙、书院和数寄屋中的禅宗痕迹。简洁的直线点缀着非常重要的空白，色彩柔和，没有多余的杂乱感，这些因素很大程度上都与禅宗有关。现代日本的西式公寓，仍包含一个带有榻榻米地板和日式壁龛的房间。

148 页 篷庵

这座精心修复的民家住宅位于四国岛偏远的祖谷，建于
18 世纪初期。高高的天花板原本是用来烘干烟草的。烟
草曾经是当地的重要作物。许多这样的传统房屋都被非日
本人买下并保存。

149 页 茶室

图中展示的是日本民间住宅中常见的地炉。除了用于煮茶，地
炉还可以作为房间的热源，有时也用来烘干农民家中的农作物。
这间位于福冈一所房子中的茶室，使用的是民家常用的木地板，
而不是榻榻米。

传统室内设计

这座房子的内部构造几乎与江户时代的完全相同，增加的现代装饰主要是灯具。移动屏风是更加坚固的木制品而非纸制品，但房间仍然可以全部打开，彼此连接。房间内没有摆放任何不必要的家具或其他物品。

武家屋敷迹野村

这座历史悠久的武士家族故居，是金泽市主城附近保存完好的三处古老房屋之一。虽然基本设计与普通市民的住宅相似，但精心装饰的移动屏风和住宅的大小表明了原住户较高的地位。该住宅对公众开放，并有一座著名的日式园林。

152 页 **玄关**

一栋传统住宅的玄关处整齐摆放了一排鞋子。在现代日本的房子里，玄关在大门的里面，但是基本的规则是一样的：如果人准备进入，那么就应该脱掉鞋子。

153 页 **榻榻米和障子**

榻榻米的使用影响了房间的设计：榻榻米的垫子很难裁剪得合适，所以房间都是围绕榻榻米而设计的。图中窗户上的障子装饰着图案，也有许多窗户是半透明的纯白色。窗户在墙上的位置很低，以符合人们坐着的视线高度。

154—155 页 **和室**

传统和室（榻榻米房间）的结构反映了禅宗思想。在
这里，日式壁龛勾勒出房间疏朗的静美之感，其中有
插花、茶道工具和一幅画卷，房间内还有一个地炉。

156 页 上 **画廊之屋（Gallery no Ie）**

这所位于奈良的住宅由建筑师木原千利和园林设计师青木康次郎（Yasujiro Aoki）设计，是对数寄屋造的当代诠释，包括一排通往入口的垫脚石，还有将房间与外界分隔开的缘侧。这是"no Ie"系列中的一个。"no Ie"意为"……之屋"，是两位设计师在日本合作创造的系列。

156 页 下 **美原**

这座位于大阪美原的房子是木原和青木对传统建筑的另一种现代诠释，院子与房屋相互照应。一棵孤零零的树被一道弯曲的石路包围着。屋内设置了一道移动拉门，故意限制了观赏的视野，无法从室内看到完整的园林景观。

荷花屋

这座充满未来主义风格的住宅坐落在三浦半岛逗子市的群山之中，
正对着一个宽阔的荷花池。房子的两翼被分开，地面几乎与水面齐
平。这是世界著名建筑师隈研吾的作品。他设计了许多建筑，包括
2020 年东京奥运会的体育场。

宫下餐厅 (Myashita Restaurant)

这家位于东京外苑前的餐厅是隈研吾的另一个作品。图中餐厅的
中心装饰是一张樱桃木餐桌。墙上贴着手工制作的日本和纸，坐
垫也是用和纸做成的。极简主义的禅意设计是隈研吾作品中反复
出现的主题。

茶

沉浸在历史中

茶本身的历史和它所衍生出的仪式与禅宗深刻交织在一起。对于外国人来说，如果有什么东西可以代表日本传统的独特之处的话，那或许就是喝茶的行为如何成为一种复杂的仪式。仪式本身也成了一种艺术形式，须遵循一丝不苟的规则，同时又充满了灵性。

一则关于茶的血腥起源的故事围绕着菩提达摩展开，据说这位僧人于公元 6 世纪将禅宗传入中国。在他著名的连续面壁 9 年冥想的故事中，有传言说他在 7 年后睡着了。传说中，菩提达摩无法睁开眼皮，感到非常愤怒，于是把眼皮割下来扔掉。之后，眼皮掉落的地方长出了一丛绿色多叶灌木。弟子们拜访大师以寻求智慧，并希望能在长时间的冥想中努力保持清醒，因此他们用灌木的叶子制作了第一批茶。

600 多年后，荣西大师将临济宗佛教传入日本，他还在中国学到了一种搅拌抹茶粉末来冲泡茶叶的方法（在 9 世纪，日本就开始饮用直接用茶叶冲泡的茶）。荣西在确立日本茶的传统方面起到了重要作用。他在寺庙里教导僧侣们调制茶水，以帮助他们在学习和冥想时保持清醒。他还在 1214 年写了第一本关于茶的日本著作——《吃茶养生记》。贵族、武士和普通百姓很快就了解到这种简单饮品的乐趣，茶因此逐渐流行起来，成为日本文化中不可或缺的一部分。

到了 14 世纪，贵族们不仅创造出一系列复杂的饮茶仪式，并且还开始利用这种仪式来展示他们的修养和财富。豪华的茶室中装饰了昂贵的中国卷轴画，精美的插花作品点缀着饮茶仪式，仪式中所使用的高雅器具，许多都是从中国进口的，十分昂贵。

在 15 和 16 世纪，三位茶道大师将这种仪式发展为现在公认的茶道仪式。最开始是村田珠光（1422—1502），他是一位商人，也是禅宗大师一休宗纯的弟子。村田珠光在使用奢华的中国器具的同时，还引入了之前被低估的日本本土器具。他关于茶道的教义记载于写给他学生的一封信中（写于 1488 年左右），他认为冲泡茶叶是一个精神过程，可以陶冶性情并使人信奉以下四大原则：谦卑的敬畏态度，尊重食物（茶与辅食），身心纯洁，以及根植于佛教教义中超脱欲望的宁静。

村田珠光之后，便是武野绍鸥（1502—1555）。他虽然是个富商，但热衷于学习日本诗歌和佛教，并进一步将茶道的关注点从精英阶层的自我炫耀中转移开来。武野绍鸥拒绝使用精致的中国器具，转而使用简单的物品，包括由韩国工匠制作的简单的碗。然而，由于武野绍鸥在侘茶道（wabichado，其中 wabi 来自侘寂一词）的发展中极为重要，他曾使用的一些简单物件后来变成价格昂贵的艺术品。侘茶道也是日本茶的另一种称呼。

武野绍鸥有一个弟子千利休，他的名字日后成为茶道的代名词，不过他的影响远不止于此。千利休在遵循老师侘寂美学道路的同时，还对茶道做了一些重要的改动。现代人通常称呼他为利休。作为一名禅宗信徒，他不仅为茶道引入了新的器具，也重新定义了茶室的典范。他的乡村茶室和他在茶室中举行的仪式就是侘寂的典范，优雅朴素，没有虚饰。

千利休的茶室通常只有两个榻榻米（1 坪）大小，或者更小，并且是通过一个特意设计的小型入口进入，迫使客人蹲下来。这是为了鼓励他们保持谦逊。入口的一端是用来加热的木炭火，另一端是一件花道装置和一幅书道卷轴。日本最古老的茶室完美体现了禅宗思想，并且这都归功于千利休。待庵最初于 1582 年建造在他京都的住所中，后来搬迁到京都的妙喜庵中，如今还可以在此处参观这个茶室。

茶室的露地（roji）和它周围的建筑一样重要。这个露地通常包括树木、苔藓覆盖的岩石、石灯笼，以及一个可以用来清洗双手的蹲踞（tsukubai，石盆）。有些茶室还有一个外部园林，客人可以通过这个园林进入中门，在一个等候室（machiai）里等待主人召唤，然后再穿过踏脚石来到茶室中。这些穿过不同区域和大门的繁复过程，就是为了让客人逐渐从外面的世界过渡到茶的宁静世界中。

在 15 至 16 世纪的战国时代，武士阶层逐渐形成，他们也开始接受茶道。一些人认为，在血腥冲突几乎持续不断的时代里，武士们能在一个简单的房间里喝几个小时的茶，谈几句话，把刀剑留在门外，是一段令人十分愉悦的喘息时间。

千利休以及他的茶道仪式备受尊重，大名织田信长（1534—1582）曾任命千利休为其随行的茶道大师，在之后丰臣秀吉（1537—1598）统治的时期他仍旧继续担任这一职务。在战国时代末期，这两位军阀在统一日本的过程中发挥了重要作用。利休还曾在丰臣秀吉的政权中担任外交和顾问的职务，虽然细节不得而知，但很可能是因为与当权者之间的思想差异和分歧，最终被赐死。

千利休的思想通过三千家流派（表千家、里千家、武者小路千家）传承下来，至今仍然存在。此外，他对茶室的重新定义极大地影响了数寄屋造的建筑样式，这种样式的房屋是随后几个世纪日本建筑的基础。

16世纪出现了上百条规则来规范茶道的具体程序。然而，相比任何对仪式礼仪的个人要求，茶道的精神才真正体现出了日本最好的一面，以及禅宗对日本文化的深远影响：对细节的关注，对客人超越待客之道的同理心，对时间的珍惜，以及在准备茶这样看似简单的行为中尽力做到完美。茶道本身不仅令人愉悦，而且还可以帮助人们领悟更高的境界。

高台寺的宜和茶室
高台寺是丰臣秀吉的遗孀高台院（宁宁）为纪念她的丈夫，于 1606 年在
京都建立的一座临济宗寺庙。寺庙中的园林据说是由传奇的园林设计师、
建筑师、诗人和茶道大师小堀远州设计的。

俵屋旅馆的茶室园林

这是京都著名的俵屋旅馆内的一个小庭院园林。园林中有一块用于放置
木屐的平石、铺满鹅卵石的地面，以及一个带勺子的石盆（蹲踞），客人
进入茶室之前可在此洗手。

掬月亭茶室

这间茶室坐落在超凡的栗林公园中，16世纪时为当地的大名而建，花费了几代人的心血。这座数寄屋造茶室俯瞰着高松市的南湖。

现代水指

这个水指（mizusashi，备水用储水器皿）采用冈山县备前地区几个世纪以来的传统工艺，由山下俊二于 1997 年制作而成，保留了古代陶艺的质感。

18 世纪的乐烧茶碗

这个京都的釉面茶碗是乐烧制品，以富士山图像为装饰，目前在大
英博物馆展出。

现代榻榻米茶室

建筑师横河健设计了这间私人住宅中的茶室，他创造性地将钉板覆盖在墙壁和天花板的手工制作的土佐和纸之上。

融合茶室

这间宽敞的茶室由建筑师野村道信（Michinobu Nonomura）设计，
融合了传统形式和新材料，位于古都奈良附近。

174 页　画廊之屋的茶室

这间位于奈良的茶室由建筑师木原千利和青木康次郎设计，结合了传统和现代风格的元素。

175 页　青森之屋

这间茶室深受禅宗美学的影响，结合了和室、茶室这两个建筑概念。它建在一个现代化的房子中，人身处其中，可以看到关西地区一座古老的山坡园林。

漆池

红漆木上雕刻出的圆形凹陷处盛有水，一朵兰花漂浮其上。这是冲绳亚洲门之屋（Asian Gate House）的一个现代茶室，由后藤哲夫设计。

亚洲门之屋

在这间可以俯瞰冲绳海的现代茶室中，漆木上的圆形凹陷位于视觉中心。传统的风景卷轴画在这里被真实的海洋景观取代。

茶筅是茶道不可或缺的器具，由一根竹子手工制作而成。

右 **茶勺**
茶勺也是用竹子制成，过去多由茶道大师自己制作。茶勺用来盛舀抹茶粉末，将其放置于茶碗中。

茶筅容器

图中的茶筅容器由陶瓷制成，用来放置茶筅。它是当代陶艺家
渡边国夫的一件获奖作品。

精进料理与怀石料理

日本料理的精髓

在亚洲，尤其是东亚地区，以佛教为基础的素食有着悠久而深厚的传统。在中国大陆和香港、台湾地区，以及韩国、马来西亚、新加坡、泰国、越南等地，都有不同风格的素食传统。在日本，正如亚洲文化生活的许多方面一样，素食传统逐渐发展到了全新的高度，并转化成一种新的创作。精进料理（shojin-ryori）在禅宗寺庙中兴盛起来，后来发展成为怀石料理（kaiseki-ryori）。怀石料理更为奢华，菜肴样式更为丰富，在原先的素食中加入了鱼类菜肴，并逐渐成为世界闻名的美食。精进料理的意思是"提升精神的烹饪"，表明它远不止是一顿健康的、依照严格标准的素食。

在禅宗中，吃肉是一个复杂的问题。虽然有些禅师严格禁止寺庙中的僧侣屠杀生灵，但并非所有禅宗信徒或其他佛教派别的信徒都是素食主义者。事实上，禅宗并不像天台宗等教派那样强调素食，然而也有许多禅宗教徒是素食主义者，有的甚至认为食用肉类或鱼类[1]会妨碍修行者开悟。

这些料理包括精心准备的小盘米饭和时令蔬菜，似乎是在 6 至 7 世纪随着佛教从中国经由朝鲜半岛传入日本的。然而，即便是在佛教信徒中，这样的料理也并没有立即流行起来。直到大约 500 年后，禅宗大师道元结束了他在中国寺庙的 5 年修行，传回了中国僧侣们准备食物的知识，这才奠定了精进料理的基础。

1　在很多日本人看来，鱼肉并不算肉类。在古代日本，人们并不吃肉，但可以吃鱼。

1237 年，道元在京都附近宇治的兴圣寺建立曹洞宗的几年后，写下了《典座教训》的经文，不仅阐述了精进料理的原则，还讲述了如何过上真正的佛教生活。道元在书中写道，除了避免杀害生灵外，素食还应该坚持三德六味的原则：清净德、柔软德和如法德，以及苦、酸、甘、辛、咸、淡。道元教导人们所有食物具备同等的价值："浓稠的黄油汤并不一定比野菜汤好。在处理和准备野菜时，你也要像准备盛宴的配料一样，全心全意地、真诚地去做。"

在与京都其他佛教教派产生分歧之后，道元将他的寺院迁到了如今福井县的深山里，于 1243 年建立了永平寺。道元在寺庙里传授简朴的禅宗，并在准备和食用膳食等方面实施了严格的规定。在道元担任新寺院的住持期间，他将《典座教训》的文本合并到《永平清规》之中。道元教导说，准备膳食是禅宗修行的重要组成部分，只有拥有丰富经验和正念修行的信徒才能正确地完成。

700 多年后的今天，在永平寺修行的僧侣依旧会食用精进料理，同时普通游客也可以体验品尝，另外还可以体验禅宗打坐。

料理主要包括米饭、汤、豆腐、各种豆类、蔬菜和山间药材，大多都是当季时蔬。依照佛教教义，并不使用大蒜、韭菜、洋葱、葱这种辛辣刺激的食材。道元在永平寺期间发明的芝麻豆腐，是如今寺庙中常见的一道菜。日本料理的重点在于突出原料的自然风味，而不是用酱料和香料来入味。这已经成为所有日本和食料理的主要特点。

精进料理通常盛放在一个小漆碗中，置于漆盘之上。尽管这种料理看起来很简单，但它旨在满足所有的感官体验，而不仅仅是减少饥饿感。精确的制备方法，充分利用每一部分并不造成任何浪费，以及根据季节性变化来挑选食材，这些都充分体现了禅宗的精神。

15 至 16 世纪，茶道的改良为怀石料理的发展铺平了道路。这一时期，精进料理开始与茶饮一起出现在餐桌上。禅宗及茶道大师千利休以精进料理为灵感，在茶道仪式上，开创性地为客人提供简单的食物。这一过程有时也被称为茶怀石（cha-kaiseki）。怀石料理就是从这些食物中精心挑选出来的，以适应广大人群的口味。对于这些人来说，千利休原先简单平常的膳食创作并不具有太多吸引力。

在接下来的几个世纪里，怀石料理开始进入旅店和餐馆的菜单，菜肴的数量也越来越多，变得越来越奢侈，但仍然保留了一些源自禅宗的原则。尽管鱼在怀石料理中十分常见，但肉类却从未出现过。强调保持菜肴原有的自然风味，以及利用季节性原料等特点，都延续在怀石料理中。为了进一步表示对禅宗的敬意，怀石料理的餐厅经常为客人提供可以看到日式园林的房间。

核心菜肴（如米饭、汤和蔬菜）依然存在，但如今怀石料理的厨师们会经常尝试各种各样的新菜式和原料。如今，怀石料理已经有十几道经典菜肴，并被认为是世界上最好的高级烹饪之一。如果可以预订上京都的顶级餐厅并在此用餐，每人要花费数百美元之多。京都被视为怀石料理的精神家园，许多京都人都称之为

"京料理"。2009 年，当米其林推出第一份大阪和京都指南时，许多顶级传统怀石料理的餐厅老板都拒绝合作。一开始，他们选择回避宣传，担心那些不了解怀石料理的人无法做出公正的评价，但后来大多数老板都改变了。现在这个城市有 7 家米其林三星餐厅。

寺庙中的食物

在京都的妙心寺中，一个禅宗僧人面朝外面的缘侧用膳。精进料理
起源于禅宗寺院，由一道道不同的菜肴组成，注重新鲜食材的原汁
原味。

简单的料理套餐
一顿传统、简单的日本餐通常包括三到四道菜，即
一碗米饭、一碗汤和一小碟咸菜，有时会有鱼或肉。

190 页 **禅宗体验**

上图为京都妙心寺众多分寺庙之一的退藏院中供应的精
进料理。参观者可以在寺庙里参加许多禅宗活动,包括
修习佛法、书道、茶道,以及品尝精进料理。

191 页 **满足感官**

精进料理主要由腌菜、时令蔬菜和各种豆腐组成,这些菜肴精
妙地摆放在各种漆制和陶制的餐具中。精进料理旨在满足所有
的感官,而不仅仅是味觉,其准备和服务的过程也十分重要。

192 页 上 **大德寺的伊豆森**

这是京都一家著名精进料理餐厅的菜肴：三块小豆腐。这些碗的形状就像僧侣们过去用来化缘的碗。这家餐厅位于大慈院（大德寺的一个分寺）内。正如所有的精进料理餐厅一样，菜单随着季节的变化而变化，充分利用每年相应时间最好的食材。

192 页 下 **怀石**

这道菜是怀石料理众多菜肴中的一道，据说受到了精进料理的影响。精进料理中的许多元素都可以在怀石料理中看到，只不过怀石料理中加入了鱼。尽管怀石料理依旧注重原料的自然风味，但味道更加丰富。

194—195 页 **观景用餐**

通过展示菜肴和周围的环境来营造氛围，怀石料理和精进料理都注重完整的用餐体验。禅寺是享受精进料理的最佳地点，而最完美的怀石料理的体验还包括欣赏精致园林的景色。

武士世界

武 士 之 禅

日本的武士阶层统治了这个国家长达几个世纪。他们当中的很多人都是技艺高超的战士，但也有一些从事艺术的文人，共同塑造了这个新兴的国家。

武士的起源是 8 至 9 世纪的职业武士，受雇于地方氏族，以保护他们的土地并解决他们与对手的冲突。这些地方氏族在接下来的几个世纪中，不断采取联盟与战争的方式来争夺土地和人口，武士的地位也随着他们雇主的得势而得以提升。到了 12 世纪，日本的权力中心从朝廷和宫廷贵族转移到大名（地方军阀）的手中。日本武士的另一个称谓——侍（samurai）——源于"服侍"一词，大约就是在这一时期开始用于指称那些大名的武士随从。

随着禅宗自 13 世纪传播开来，许多武士都是这一新兴宗派的弟子，并将禅宗教义融入他们的思想和行为之中。据说，武士们深受禅宗自律、朴素、简单的教义吸引，相信行动与思想不可分割。武士战斗时，随时面临着死亡的威胁，因此保持头脑清醒十分重要，而这正是禅宗修行所强调的。此外还有对生命无常的接受，对应了武士对于死亡的接受，这也可能为他们从事杀戮提供了哲学上的正当理由。

由于禅宗修行还包含了艺术和文化方面，因此许多武士也修习书法、诗歌、绘画和茶道。虽然人们常用浪漫的方式去解读武士，认为武士是生活在严格规范下的多面艺术家，但一些学者认为，现实往往没有想象的那么诗意。很多早期的武士大多都没受过教育，近乎文盲，因此他们追求艺术的努力可能只不过是附庸风雅而已。然而，并非所有的武士都是如此，一些重要的艺术作品也确实是出于精于杀戮的职业武士之手。在禅宗的影响下，武士们发展出了写死亡诗的习俗，由那些准备切腹自尽的人在临死前所写，其中有一些作品还流传了下来。

日本武士以忠诚闻名。日本的民间传说中有数不尽的故事，讲述武士因辜负主人而切腹自尽，或是在必死之战中奋战，以及许多其他自我牺牲和奉献的故事。其中最著名的是"四十七浪人"的故事，这个故事在日本更为人所知的名字是《忠臣藏》，故事的主人公为了给死去的主君报仇，而实施了一次自杀式任务。这个 18世纪的故事被写进无数的书中，改编成电影和电视剧，塑造了大众印象中武士的主流形象。但也有历史学家表明，武士并不总是那么忠诚，而且许多史书都记载了一些武士会为了自己的利益而改变立场或背叛主君。

另一个关于武士的普遍误解是他们使用的武器。武士刀（katana）在锻造过程中折叠上千次，十分锋利。在一名熟练的武士手中，武士刀不仅是一件杀人利器，还是一件艺术品。然而在武士的大部分历史中，刀并不是他们交战的主要武器。事实上，他们是熟练的马背弓箭手，而如果是近距离战斗，他们则会使用剑。

正是在战国时代的一个半世纪里，武士的地位才得以确立。在此期间，大名和事实上的统治者丰臣秀吉颁布法令，认定武士是一个永久的阶层，地位世袭，并且只允许武士携带武器。丰臣秀吉自己出身于农民家庭，却通过此举阻断了底层人民向上跃升的机会。

17 世纪初战国时代结束后，武力的需求大大减少。而当时高高在上的武士阶层，他们除了习武之外几乎没有其他事情可做。因此，那些获得高收入的武士便把更多的时间投入到文化追求上，包括修习禅宗，而其他人则成为浪人，即没有主人的武士。

其中一位浪人宫本武藏被誉为日本有史以来最厉害的武士之一。随着日本国内局势逐渐走向和平，大量钻研刀剑技术的流派繁荣起来，以使武士保持高超的技艺。宫本武藏在街上游荡，常常挑战别人，进行决斗。据说他在 60 多场决斗中保持不败，并且至少在 3 场大规模决斗中毫发未损。武藏是禅宗修习者，同时也是书法家和水墨画家。在他开创性的剑术著作《五轮书》中，禅宗的影响显而易见。虽然这是一本关于剑术的书籍，其中的教义也可用于许多其他方面，书中许多原则与禅宗十分相近。

长达两个半世纪的江户时代是一个和平繁荣的时代，许多武士成为政府官僚和行政人员，他们所佩带的刀剑成为身份的象征，而不是作战的武器。随后在 1867 年，日本开始明治维新，一位少年天皇被推举为有名无实的领袖，日本也开始了其现代化进程。虽然在天皇背后掌握实权的有很多都是武士家族的后人，但他们立即通过了一项法律，禁止武士携带刀剑，并废除了武士的特权。事实上，早在几个世纪前，武士就已经名存实亡。直到此时，武士的时代才正式结束。

202 页 **装饰刀镡**

在江户时代的和平时期，装饰武士刀的刀镡变得繁复而不实用。
一些刀镡的美学价值远高于其实用价值。

204 页 **星兜**

这个兜（kabuto，日本古代的头盔）由铁、漆皮和丝制成，是早乙女
流派的作品。星兜最早出现于 10 世纪左右，图片中的作品可以追溯
到 17 世纪晚期至 18 世纪早期。

205 页 **鸢尾叶头盔**

这个壮观的头盔带有鸢尾叶的设计，制作于 16 至 17 世纪，现为
东京国家博物馆收藏。这种设计展示了武士的身份地位，同时也是
为了起到保护作用。

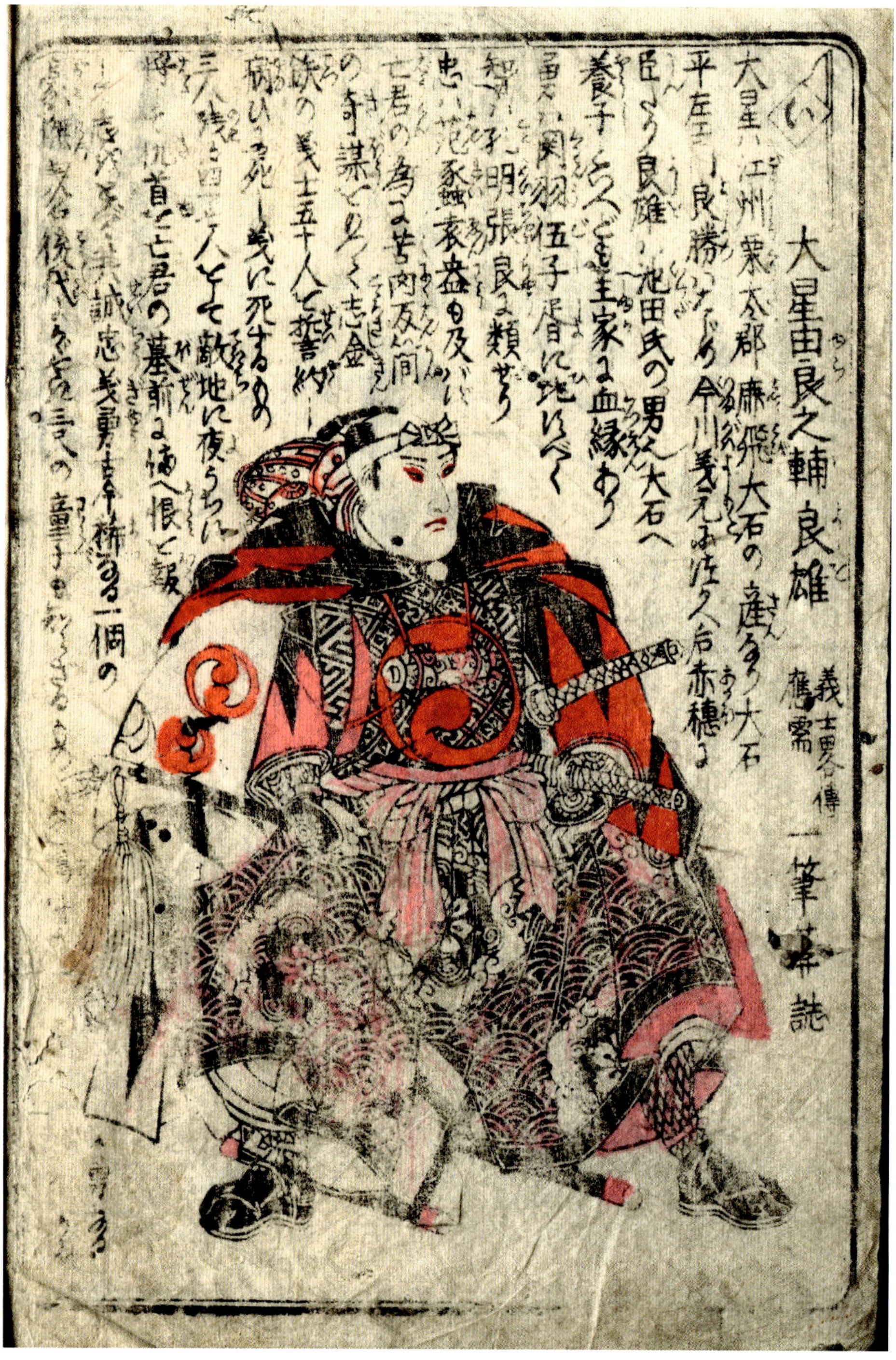

206—207 页 浪人

这是一本 19 世纪中叶的插画书，描绘了《忠臣藏》的故事。左图是浪人的首领大石内藏之助，他为自己的大名主君复仇，并被奉为武士道准则的典范。右图是吉良义央，为浪人复仇的目标。

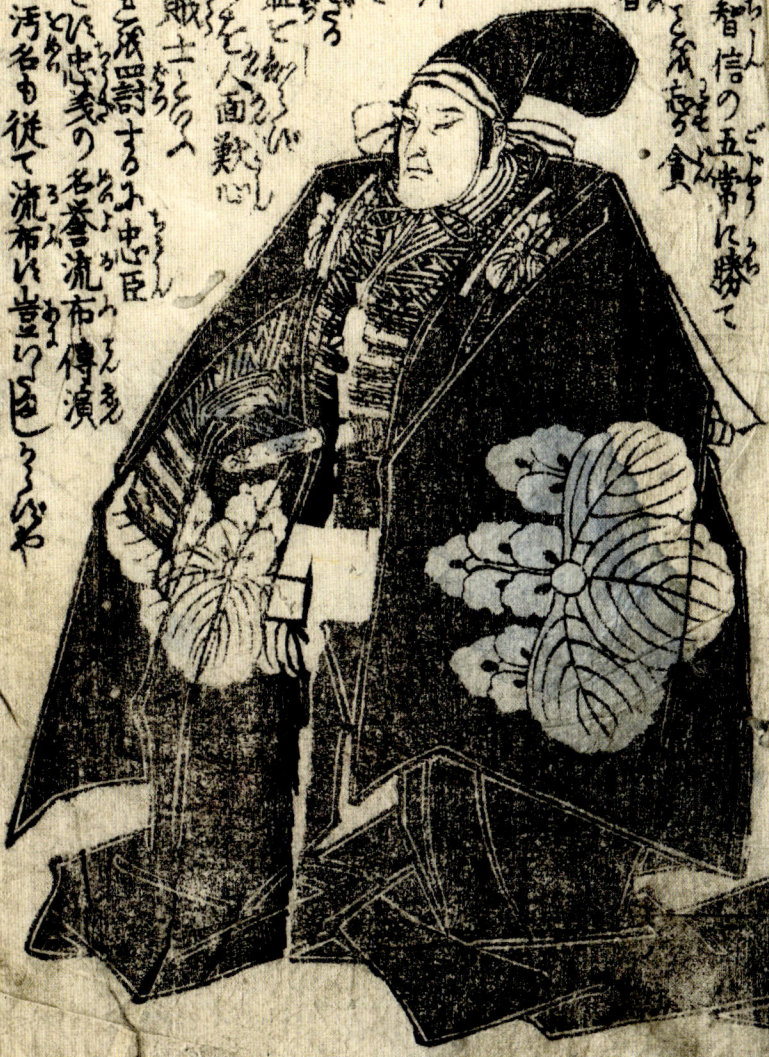

高野武蔵守師直

欲ハ仁義礼智信の五常に勝て
其身のらふよるを忘るゝ貪
欲の心ある者ハ
必ず大悪の
歳る誇り
君と妻め
臣ぢ坂る
國と亡一家ど
失ふ物とちへぢ
のく汚名の耻に新
斯のごとくたるのを八面歎心
奉禄の賊士ぢぢ
皇天をそ厭罰するみ忠臣
義士として忠義の名誉流布傳演
するに洽て汚名も従て流布に畫るもしろしや

207

武术的禅

运动中的静止

虽然佛教和武术之间没有直接、明确的联系，但传统武术与禅宗却有着许多相似之处。武术和禅宗都有一些共同点：自律、简单（或者至少是表面上的简单）和不假思索的行动。因此，修习武术和修习禅宗的人相互关注，也就不足为奇了。许多武士都为禅宗教义所吸引，而如今与禅宗关系最密切的两种武术——弓和剑，也正是武士所使用的两种著名武器。

禅宗和武术之间的联系可以追溯到历史久远的少林寺，传说中少林寺是功夫的发源地。少林寺属于中国禅宗，其中的僧侣以修习武术而闻名。在最初的传说中，少林功夫由禅宗祖师菩提达摩教授，然而这个传说已经被证实是错误的。

尽管如此，武术和禅宗还是有共同的历史。现代空手道创始人船越义珍（1868—1957）曾在镰仓临济宗的圆觉寺修习禅宗，他还将空手格斗从他的家乡冲绳引入日本其他地区。船越将禅宗的教义融入他的戒律中，而正是这些戒律定义了如今世界范围内的空手道训练。据说武术宗师李小龙也是禅宗忠诚的信徒，他的一些著名语录都明显带有禅意。

虽然禅宗的基础修行是坐禅，但一些武术家认为武术训练也是一种运动中的冥想练习，与清除头脑中多余杂念、只关注当下的打坐冥想类似。武术训练强调将行动训练成下意识的动作，不需要刻意思考，与禅宗修行十分相近。真正的武术练习者的目标还包括抑制自我、控制头脑、培养自我知识，这些都是禅宗的核心内容。

弓道（kyudo）起源于日本 2000 多年前的射箭。独特的日本长弓（yumi）形状并不对称，顶部与底部之间有超过 2 码（约 1.82 米）的跨度。弓主要由竹子、木头和皮革制成，在过去的 1000 年里几乎没有什么变化。弓箭手一直都是战斗中的主力。直到战国时代，随着葡萄牙人在日本使用火器，弓箭手才开始为步枪手所取代。在随后漫长的和平时期，弓术（kyujutsu）技艺逐渐发展成弓道，其中的"道"（do) 是许多武术词语的后缀，如柔道（judo）、剑道（kendo）和合气道（aikido）。

19 世纪末，为了将弓箭作为一种武术保存下来，人们复兴了弓道。第二次世界大战后，德国哲学家奥根·赫立格尔（Eugen Herrigel）前往日本并且练习弓道，之后他写下了一本书，首次将武术和禅宗思想传到了西方。赫立格尔在 1948 年出版了《箭术与禅心》，书中详细描述了作者 20 世纪 20 年代在一位名叫阿波研造的古怪大师门下修习弓道的经历与想法。一些学者曾对这本书提出批评，指出赫立格尔在训练时不得不依赖一位能力存疑的翻译，而他师从的大师也与当时日本大多数的弓道修习者格格不入。虽然存在这些问题，但这本书还是将禅宗和弓道传播到了全世界，也使很多人相信禅宗与弓道几乎是一回事。

虽然赫立格尔的书可能夸大了禅宗和弓道之间的联系，但是弓道中确实有许多禅宗元素。禅宗与弓道两种训练都以锻炼思想和精神为核心，事实上，射箭确实也能帮助人获得平静和强大的精神。人们认为，在弓道中射手的精神状态比单纯击中目标的结果更为重要。弓道的终极目标是行为和自我的和谐统一，这种理想状态与禅宗思想十分契合。

如果说弓道是站立中的禅，那居合道（iaido）便是移动中的禅。居合道与弓道一样，都源于武士的战斗。林崎甚助（1542—1621）创造了独特的抽刀、拔刀的技术，并称之为"拔刀术"（battojutsu）。到了 20 世纪 30 年代后期，人们逐渐开始用居合道来指称拔刀术。居合道一词由中山博道（1872—1958）发明，与拔刀术的原则一样，都是挥刀并用尽可能少的次数击倒对手。

与所有的武术（尤其是那些受禅宗影响很大的武术）一样，居合道致力于性格和心智上的修行，并通过严格的自律和不懈的练习来达到难以企及的完美。和弓道一样，居合道修习者专注于通过控制自己的思想和战术来赢得战斗。他们有时会进行实操演练，切开一些卷起来的榻榻米垫子，优雅地一次次挥刀。

在日本的众多武术中，弓道和居合道也许是最具日式风情、最具禅意的，他们一心一意地追寻技术上的提升并把训练头脑作为更高的目标。或许正是这方面的原因，再加上装备的费用，导致了弓道和居合道这两种日本主要的武术在海外并不受欢迎。

武士弓箭手

这幅水墨画来自美国国会图书馆的档案，可以追溯到 1878 年 9 月。画中描绘了一名武士练习长弓的情景，有各种各样不同的靶子。日本武士射箭的弓术奠定了后期弓道的基础。

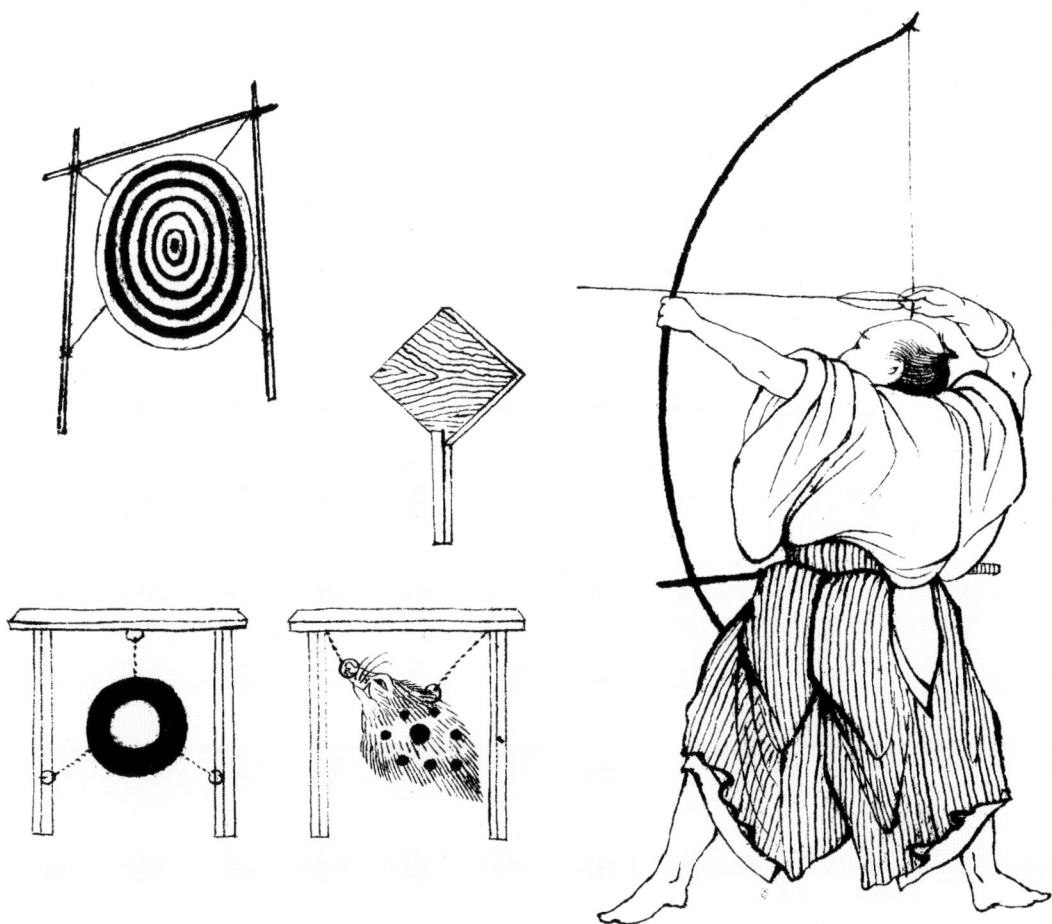

214 页 上 **弓道**

2014 年巴黎举行的世界弓道锦标赛上，藤野小百合正在比赛。这是第二届世界弓道锦标赛，也是第一次在日本以外举办弓道比赛。弓道为日本的射箭武术，不仅是一项体育运动，也是一种精神和心灵上的锻炼。

214 页 下 **加世田市的武士节**

弓箭手们在日本南部的九州岛参加一个祭典。弓是日本武士最古老的武器，其历史甚至比剑还要悠久。几个世纪以来，弓的使用方式在很多方面都受到禅宗影响，因此弓道也成为一种修炼精神的方式。

216—217 页 **制弓大师**

图中是弓道大师和弓箭制造大师柴田勘十郎工作室中的弓。从 1959 年到 1994 年，柴田一直是皇家御用制弓师。当他觉得作为一种冥想形式的弓道逐渐迷失在竞争中时，他毅然与日本弓道联盟决裂。

居合道修习者

修习者们手持武士刀准备演示居合道。居合道是一种抽刀、拔刀的
技艺。居合道演示通常是斩断榻榻米席子或者竹竿，因为实战太过
危险以至于无法模拟。

尊重

在展示武术之前，修习者举起武士刀以示尊敬。和所有的传统武术一样，陶冶性情以及遵守礼仪，与在剑术练习中获得的身体训练同样重要。

居合道

居合道起源于日本武士的剑术。如今它已经发展成为一种培养精神、陶冶性情的修行，而不是为了战斗。除了禅宗，居合道还受到儒家、道家和神道教的影响。

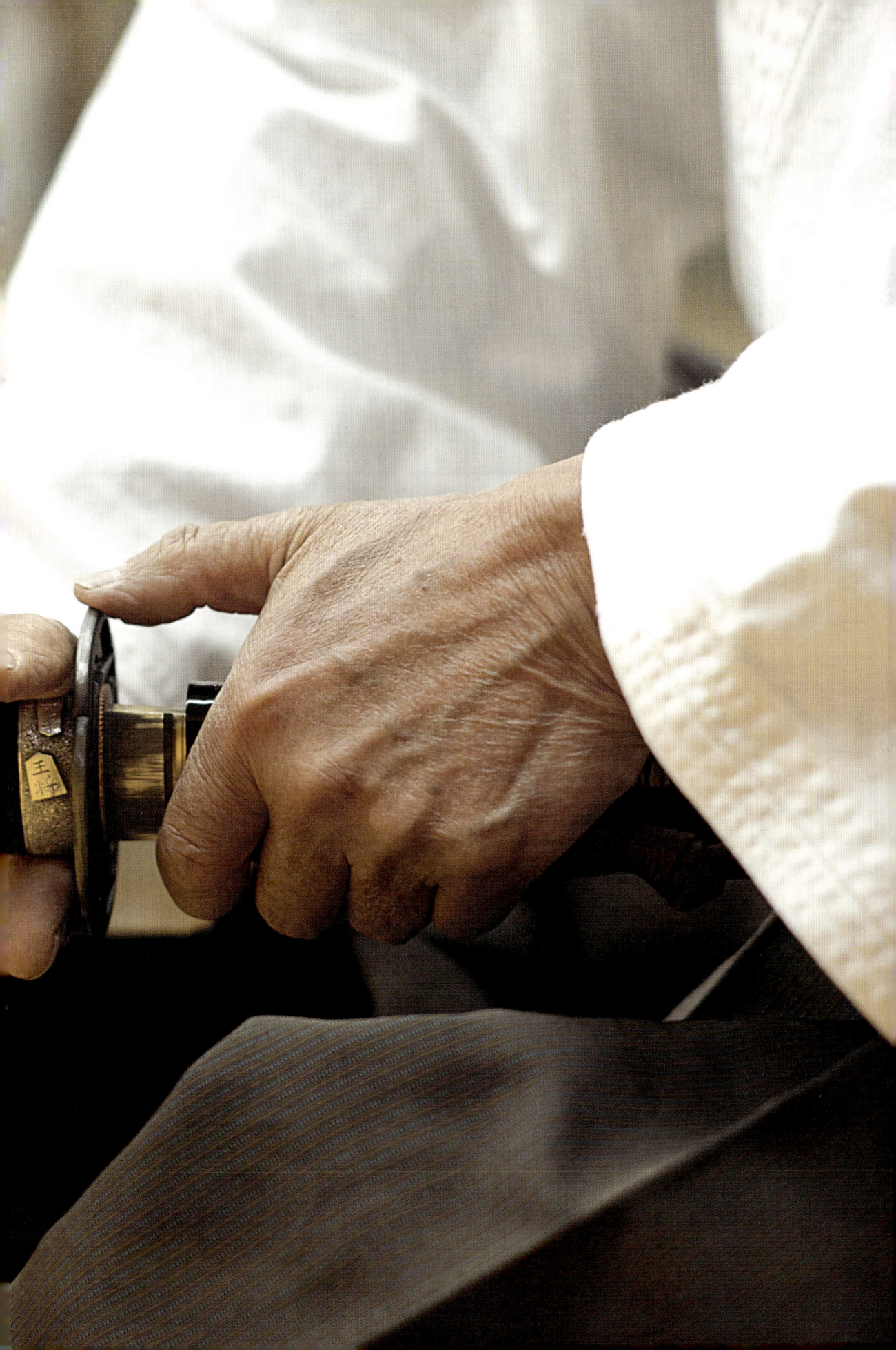

222 页 **剑道比赛**

第 59 届全日本剑道锦标赛上，两名剑道家在比赛中相遇。这届
锦标赛在日本武道馆举行，该馆是为 1964 年东京奥运会柔道项
目而建的。

223 页 **剑道坐禅**

剑道和禅宗的密切联系也表现为练习结束后在道场进行短暂的冥想。空手
道、合气道和柔道等其他武术中也有这样的坐禅冥想。剑道家冥想时的手
势与一些坐禅者的手势相同。

现在的禅

在现代设计中的回响

自从禅宗佛教传入日本以来，已经过去了 1000 多年。在这段时间里，禅宗以各种各样的方式影响着这个国家和人民，有的十分明显，有的难以察觉。虽然禅宗对日本这一国家的形成十分重要，但它并不是唯一因素，儒家、道家、神道教以及地理、气候等因素都对如今日本文化的形成起到了重要作用。尽管如此，禅宗对日本的影响无疑超过了对任何其他的国家，也许没有哪个国家的文化像日本受禅宗影响一样，深受一套教义的影响。

几个世纪以来，禅宗的影响一直存在，不仅体现在东京和大阪的霓虹城市景观、极简主义的工业设计、现代日本家庭的内部装饰中，还存在于图形、时尚、陶瓷等设计领域。

来到日本的外国游客有时会感受到一种鲜明的矛盾，并受其吸引，例如坐落于摩天大楼之间的一座小寺庙，或者穿着和服紧紧盯着智能手机的年轻女子。但是这些古今并存的现象，在大多数日本人看来并不冲突。接受生命短暂且持续变化的本质，同时新旧景象的并排呈现，也体现了日本禅宗的宗旨，这些都已经深深地渗透到了日本文化中。

禅宗之所以会在日本文化中有如此深远的影响，有一定的原因。有些学者认为岛国的地理和气候条件以及频发的地震，都是关键的因素。由于日本 70% 的陆地都是山区，众多人口都挤在其他更适宜居住的地区，尤其是集中在关东和关西地区的大都市里。虽然在 1000 年前人口密度不是什么大问题，但随着人口数量的增加和城市化的发展，在狭小空间中和谐共处的需求变得越来越迫切。日本的人均居住面积是美国的一半，而人口密度却是美国的 10 倍。

对周围人的尊重和体谅是禅宗教义的核心理念之一，也是日本文化中根深蒂固的一部分。在日本都市中与他人紧密地生活而不产生矛盾，在繁忙的通勤列车上摩肩接踵而不发生冲突，需要自我控制、同情和谦让，这些品质都可以在禅宗教义中找到。

日本也是一个灾难频发的国家，除了是地球上地震最为频繁的国家之外，它还常年受到台风、山体滑坡和火山爆发的侵扰。所有这一切的结果导致历史悠久的建筑物十分稀缺——虽然也有历经几个世纪之久的古老建筑，但许多著名的宅邸和寺庙都经过多次重建——同时也促进了人们对无常的接受。

显然，人们对古迹的珍惜远远不够，尤其是对古建筑，这也让许多外国人感到困惑。事实上，在日本，参与保护和修复京都老城区的町屋或全国各地的民家的人，相当一部分是居住在日本的外国人。同样，东京大仓饭店被许多人视为装饰艺术和日式设计的经典融合，但当 2015 年计划拆除它时，发起抗议的并非日本民众，而是一些喜爱这栋建筑的外国人。

在日本，几乎所有的设计师都面临着设计空间的限制，从高楼大厦到园林再到艺术装置，都是如此。这必然促进了极简主义、排斥冗余事物，体现出禅宗美学的特征。大多数现代日本家庭简朴的内部结构显然延续了日本的建筑传统，反映了禅宗对日本文化的显著影响。

这种影响还延伸到了许多其他领域。例如，当代全球知名的日本时装设计师山本耀司（1943— ）曾谈到他对空白的运用，他设计的衣服上的空白令人感受到一种悠扬的禅意。山本耀司设计中的不对称、不完美以及微妙的简素，无疑体现了侘寂美学。而他早期作品中所大量使用的黑色，更显示了他受禅宗影响而表现出来的克制和简单。Comme des Garçons[1] 的设计师川久保玲（1942— ）同样表现出对纯色的偏好，以及不完美、不对称的设计特点。在她的作品中，她更青睐黑色、灰色和白色。有意思的是，这两位设计师在国外受到的赞赏甚至比在日本国内更多，许多其他领域的日本设计师似乎也都如此。

无印良品（Muji）也是一家体现了现代禅宗美学的公司，尽管它们从未以此标榜自己。这家公司的日文名字"Mujirushi Ryohin"意为"没有品牌的优质产品"，其产品的特点是简单、朴素和实用。无印良品简约的设计、制造、包装和呈现方式赢得了全球粉丝的喜爱，在全球拥有 300 多家门店，几乎是日本本土门店数量的 3 倍。

狩野派绘画对日本艺术和现代平面设计有着重要影响。这一流派由狩野正信（1434—1530）创立，在此后的 3 个世纪中发挥了重要作用。狩野正信虽不是佛教

---

1 服装品牌，法文可译为"像个男孩"，常被简称为 Comme，由川久保玲于 1973 年创立。

信徒，但他的许多灵感都来自禅宗风格的水墨画。狩野与其门下的艺术家受到室町幕府的庇护，而室町幕府在 15 至 16 世纪对许多与禅宗相关的艺术的发展起到了重要的推动作用。在接下来的几个世纪里，狩野派艺术家的作品大量出口到国外，继续影响了欧洲的艺术。反过来，西方的新艺术运动（Art Nouveau）又传回了东方，并促进了现代日本艺术的形成。

要精确地指出某一特定因素对设计这种广泛、流动、有机事物的确切影响，几乎是不可能的。现代文化、艺术、哲学和设计并不存在于真空中，而是作为相互关联的实体，或多或少地相互影响、互相塑造。正如禅宗对所有古代寺庙和水墨画的影响一样，禅宗对现代日本设计和绘画的影响同样也难以厘清。

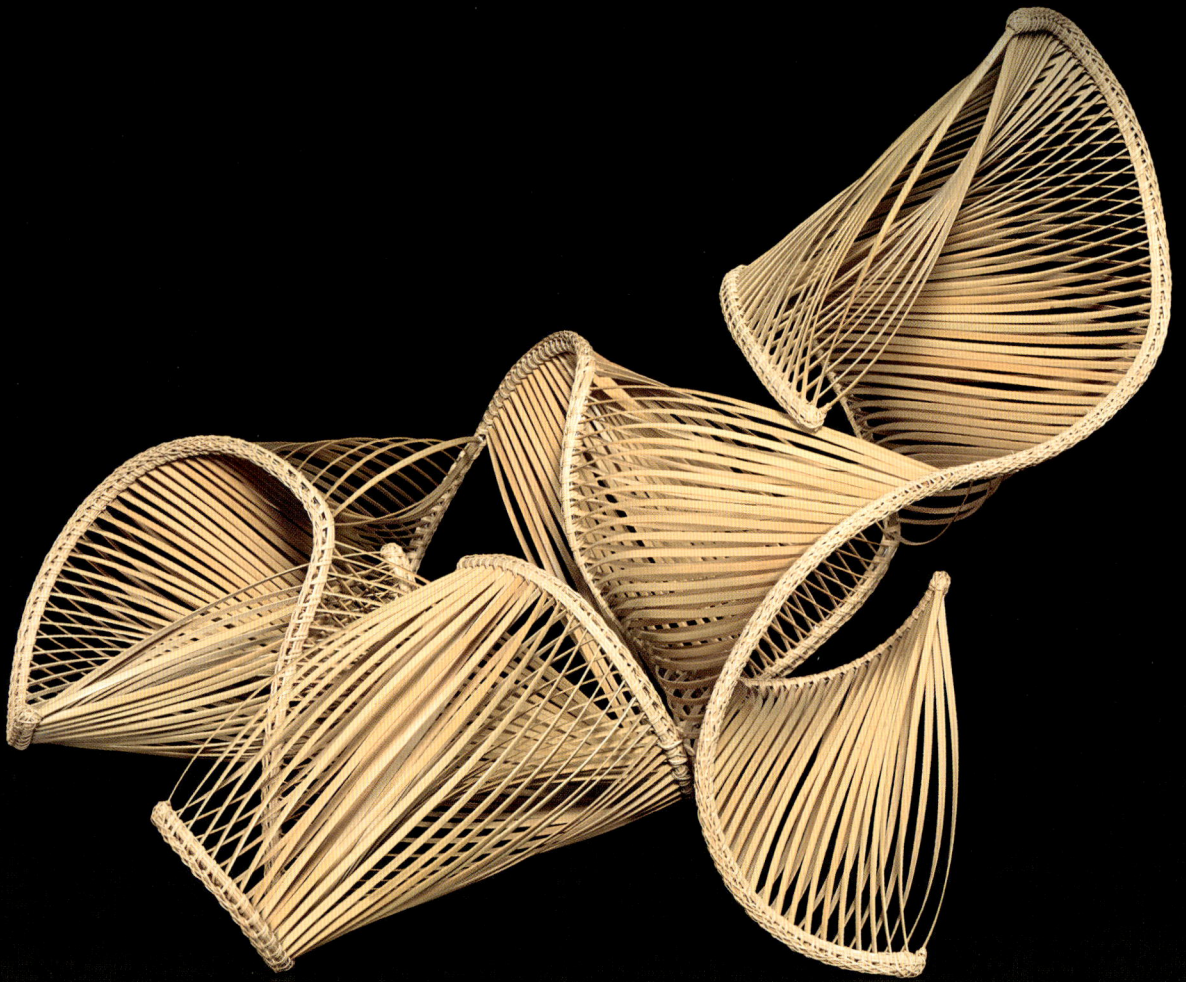

230 页 极光

杉浦功悦（Sugiura Noriyoshi, 1964— ）

我们可以从这件作品的结构和比例中看出艺术家的工程学背景。这件作品用日本竹子和藤条制成。在 30 出头时，杉浦功悦就开始使用竹子进行创作，为其惊人的强度和韧性所吸引。竹子与禅宗也有着深远的关联。

231 页 企鹅

森上仁（1955— ）

森上仁出生于九州别府的一个竹匠家庭。他的家乡有着悠久的制竹传统，或许这也是他注定会成为竹艺大师的原因。他新颖独创的制竹方式受到了世人认可，图中的漆竹企鹅是他的代表作品之一。

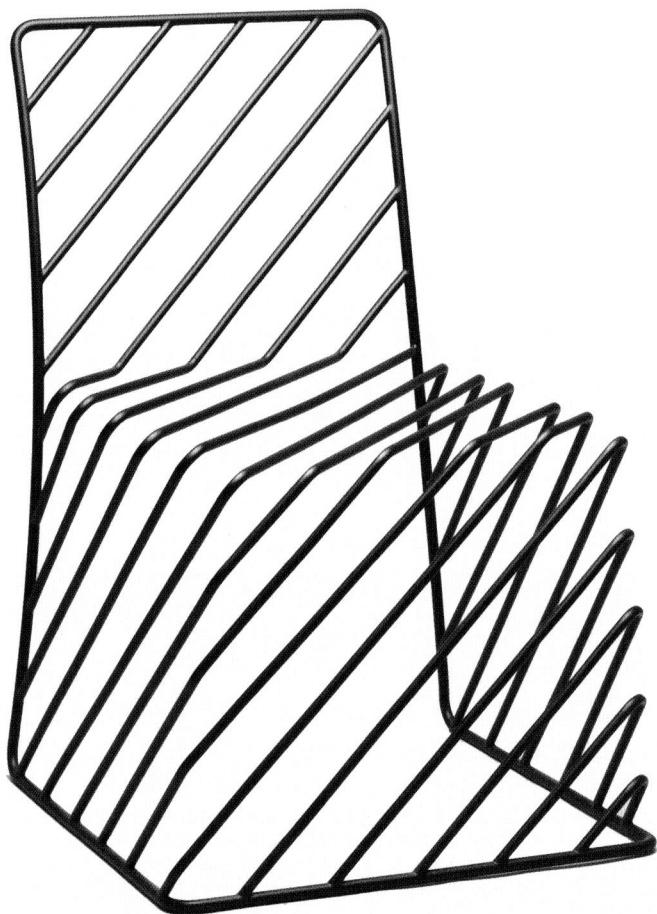

21400 毫米的椅子

佐藤大（1977—　）

这把椅子简朴的线条，以及造型和功能的结合，共同体现了禅宗美学。设计师佐藤
大获奖众多，他在创立"Nendo 设计工作室"前学习过建筑学。他曾表明日本书
法对这把椅子有重要影响。

卷心菜椅的原型

佐藤大

这是佐藤大另一个突破性的作品。该作品完全由废纸制成，没有其他任何支撑材料。椅子的最终版本由三宅一生的一个时尚系列的剩余材料制成。佐藤大曾说过，他的设计是"在形式的形成和崩溃之间交替运动"。

"正负零"加湿器

深泽直人（1956 — ）

我们还可以在日常家用电器的设计中清晰地感受到禅宗
的影响，例如全球知名工业设计师深泽直人设计的这款
简约加湿器。

上 苹果妙控鼠标 2 代

苹果公司创始人史蒂夫·乔布斯毫不掩饰自己对禅宗的高度重视，以及禅宗对他和他所推出的电脑、手机等畅销产品的影响。

下 壁挂式播放器

深泽直人

在深泽直人设计的数百款产品中，图中这款是最具标志性的一个。这是深泽直人于 1999 年为无印良品设计的一款产品，《纽约客》杂志曾将无印良品描述为"商业中的禅"。这款壁挂式 CD 播放器强调原始功能的设计理念，很好地体现了禅宗的原则。

236 页　高级定制

山本耀司（1943— ）

山本耀司作为最受人们喜爱的日本时装设计师之一，以禅意的感受力和对空白的运用而闻名，2006 年春夏系列中这件耀眼的红色连衣裙就是一个例子。

237 页　挚爱 8

笹井史惠（1973— ）

传统的漆器大部分都是黑色，但笹井史惠对漆器进行了开创性的诠释，加入了自然的不对称线条和其他禅宗元素，显示了禅宗对 21 世纪日本的持续影响。图中红色亮漆的《挚爱 8》创作于 2013 年。

参考文献

引言

Jansen, Marius B. *The Making of Modern Japan*. Cambridge, MA: Belknap Press of Harvard University Press, 2000.

Mason, Richard, and J. G. Caiger. *A History of Japan: Revised Edition*. Clarendon, VT: Tuttle Publishing, 1997.

禅宗之道：文化与设计

Davies, Roger J., and Osamu Ikeno, eds. *The Japanese Mind: Understanding Contemporary Japanese Culture*. Clarendon, VT: Tuttle Publishing, 2002.

Suzuki, D.T. *Zen and Japanese Culture*. Princeton, NJ: Princeton University Press, 2010.

Yazawa. Yutaka. *How to Live Japanese*. New York: White Lion Publishing, 2018.

Yoshida Kenkō. *Essays in Idleness*. London: Penguin Classics, 2014.

侘寂：不完美的完美

Koren, Leonard. *Wabi-sabi for Artists, Designers, Poets & Philosophers*. Point Reyes, CA: Imperfect Publishing, 2008.

禅宗艺术：简单与复杂

Addiss, Stephen. *The Art of Zen: Paintings and Calligraphy by Japanese Monks 1600—1925*. Brattleboro, VT: Echo Point Books & Media, 2019.

Hisamatsu, Shinichi. *Zen and the Fine Arts*. New York: Kodansha International, 1971.

书道：书法之美

Harada, Shodo. *Moon by the Window: The Calligraphy and Zen Insights of Shodo Harada*. New York: Wisdom Publications, 2011.

Tanahashi, Kazuaki. *Heart of the Brush: The Splendor of East Asian Calligraphy*. Boulder, CO: Shambhala, 2016.

折纸：纸制珍品

Engel, Peter. *Origami Odyssey: A Journey to the Edge of Paperfolding*. Clarendon, VT: Tuttle Publishing, 2016.

Lang, Robert J. *Origami Design Secrets: Mathematical Methods for an Ancient Art*. 2nd ed. Boca Raton, FL: CRC Press, 2017.

McArthur, Meher. *New Expressions in Origami Art: Masterworks from 25 Leading Paper Artists*. Clarendon, VT: Tuttle Publishing, 2017.

寺庙与园林：空间的艺术

Kawaguchi, Yoko. *Japanese Zen Gardens*. London: Frances Lincoln. 2017.

盆栽：微观的自然

Tomlinson, Harry. *The Complete Book of Bonsai: A Practical Guide to Its Art and Cultivation*. New York: Abbeville

Press, 1991.

Valavanis, William N. *Fine Bonsai: Art & Nature*. New York: Abbeville Press, 2012.

花道：插花的艺术

Beunen, Ilse. *Exploring Ikebana*. Oostkamp, Belgium: Stichting Kunstboak, 2015.

Satō, Shōzō. *Ikebana: The Art of Arranging Flowers*. Clarendon, VT: Tuttle Publishing, 2008.

日式房屋：禅与建筑

Locher, Mira, and Ben Simmons. *Traditional Japanese Architecture: An Exploration of Elements and Forms*. Clarendon, VT: Tuttle Publishing, 2010.

茶：沉浸在历史中

Okakura Kakuzō. *The Book of Tea*. New York: Duffield & Company, 1906.

Wilson, William Scott. *The One Taste of Truth: Zen and the Art of Drinking Tea*. Boulder, CO: Shambhala. 2013.

精进料理与怀石料理：日本料理的精髓

Chu, Danny. *Living Shojin Ryori: Everyday Zen Cuisine to Nourish and Delight*. Singapore: Marshall Cavendish International, 2019.

Tsuji, Shizuo. *Japanese Cooking: A Simple Art*. New York: Kodansha International, 1980.

武士世界：武士之禅

Cleary, Thomas. *Training the Samurai Mind: A Bushido Sourcebook*. Boulder, CO: Shambhala, 2008.

武术的禅：运动中的静止

Herrigel, Eugen. *Zen in the Art of Archery*. Translated by R.F.C. Hull. New York: Pantheon Books, 1953.

Hyams, Joe. *Zen in the Martial Arts*. New York: St. Martin's Press, 1979.

现在的禅：在现代设计中的回响

Atkins, E. Taylor. *A History of Popular Culture in Japan: From the Seventeenth Century to the Present*. London: Bloomsbury Academic, an Imprint of Bloomsbury Publishing Plc, 2017.

Fukai, Akiko, Susannah Frankel, and Barbara Vinken. *Future Beauty: 30 Years of Japanese Fashion*. Edited by Rie Nie. London: Merrell, 2010.

图片来源

插页 © Foto Galerie Mingei - Courtesy of Galerie Mingei, Paris

第 16—17 页 © Hasegawa Tōhaku [Public domain], via Wikimedia Commons

第 18—19 页 © Foto Tadayuki Minamoto - Courtesy of di Galerie Mingei, Paris

第 21 页 © Religious Images / Universal Images Group / Getty Images

第 28 页 © RMN-Grand Palais (Sèvres, Cité de la céramique) / Martine Beck-Coppola

第 29 页 © RMN-Grand Palais (MNAAG, Paris) / P. Pleynet

第 30—31 页 © Thomas Kyhn Rovsing Hjørnet / Alamy Stock Photo

第 32—33 页 © Foto Tadayuki Minamoto - Courtesy of di Galerie Mingei, Paris

第 43 页 © Tokyo National Museum [Public domain], via Wikimedia Commons

第 44—45 页 © RMN-Grand Palais (MNAAG, Paris) / Richard Lambert

第 46 页 © The Picture Art Collection / Alamy Stock Photo

第 47 页 © Idemitsu Museum of Arts

第 48 页左 © History and Art Collection / Alamy Stock Photo

第 48 页右 © Historic Images / Alamy Stock Photo

第 49 页 © Heritage Image Partnership Ltd / Alamy Stock Photo

第 50—51 页 © Courtesy of di Gifu collection of Modern Arts, Seki (prefettura di Gifu)

第 52 页、53 页 © Courtesy of the artist, Hiroyuki Nakajima

第 62—63 页 © Hon'ami Kōetsu [CC0], via Wikimedia Commons

第 64 页 © Attributed to Ono no Tōfū [Public domain], via Wikimedia Commons

第 65 页 © Metropolitan Museum of Art [CC0], via Wikimedia Commons

第 66 页 © Fujiwara no Teika, Public domain, via Wikimedia Commons

第 67 页 © MOMAT/DNPartcom

第 68—69 页 © Hon'ami Kōetsu (Nomura Art Museum, Kyoto), Public domain, via Wikimedia Commons

第 70 页 © RMN-Grand Palais (MNAAG, Paris) / Thierry Ollivier

第 71 页 © Asahi Shimbun Photo Archive - Courtesy of the artist, Sisyu

第 78—79 页、80 页 © Courtesy of di Kiyo Yoshizawa

第 81 页 © Courtesy of the artist, Tomoko Fuse

第 82 页下、82—83 页 © Courtesy of di Kiyo Yoshizawa

第 83 页下、84—85 页、86—87 页 © Courtesy of the artist, Tomoko Fuse

第 98—101 页 © John Lander / Asia Images

第 102 页 © By ajari [CC BY 2.0 (https://creativecommons.org/ licenses/by/2.0)], via Wikimedia Commons

第 103—108 页 © John Lander / Asia Images

第 109 页 © Jean-Baptiste Rabouan/laif

第 110—113 页 © John Lander / Asia Images

第 114—115 页 © Michael Freeman

第 118 页、122 页 © S-press Media Publishing Co. Ltd

第 123 页 © Michael Freeman

图书在版编目（CIP）数据

日本禅 ／ （英）加文·布莱尔著；历史独角兽，付喆，愚蠢的翼德译． —— 北京 ：中国友谊出版公司，2023.4

ISBN 978-7-5057-5585-7

Ⅰ．①日… Ⅱ．①加… ②历… ③付… ④愚… Ⅲ． ①禅宗－宗教文化－文化研究－日本 Ⅳ．①B946.5

中国版本图书馆CIP数据核字(2022)第219543号

著作权合同登记号 图字：01-2023-0559

Zen in Japanese Culture

Gavin Blair

© Copyright 2018 Nuinui SA, Switzerland—World Rights

Published by Snake SA, Switzerland with the brand NuiNui © 2019

© Copyright of this edition: Beijing Creative Art Times International Culture Communication Company

This simplified Chinese translation edition is arranged through COPYRIGHT AGENCY OF CHINA

本书中文简体版专有版权经由中华版权代理有限公司授予北京创美时代国际文化传播有限公司。

书名	日本禅
作者	［英］加文·布莱尔
译者	历史独角兽　付喆　愚蠢的翼德
出版	中国友谊出版公司
发行	中国友谊出版公司
经销	新华书店
印刷	北京通州皇家印刷厂
规格	787×1092毫米　16开
	16印张　100千字
版次	2023年4月第1版
印次	2023年4月第1次印刷
书号	ISBN 978-7-5057-5585-7
定价	128.00元
地址	北京市朝阳区西坝河南里17号楼
邮编	100028
电话	（010）64678009
	版权所有，翻版必究
	如发现印装质量问题，可联系调换
电话	（010）59799930-601

出品人：许永
出版统筹：林园林
责任编辑：许宗华
　　　　　张奇
特邀编辑：钱成峰
封面设计：刘晓昕
版式设计：万雪
印制总监：蒋波
发行总监：田峰峥

投稿信箱：cmsdbj@163.com
发　　行：北京创美汇品图书有限公司
发行热线：010-59799930

微信公众号

官方微博